Margit Tschinkel

Passion und Ostern

Zehn niveaudifferenzierte Unterrichtsbausteine
für die Sekundarstufe

Klassenstufe 6 bis 8

calwer materialien

Bild- und Textnachweise sind jeweils an entsprechender Stelle vermerkt.
Leider war es nicht möglich, alle Urheber zu ermitteln. Betroffene Inhaber/innen von urheberrechtlichen Ansprüchen bitten wir, sich beim Verlag zu melden.

Abkürzungen

SuS: Schülerinnen und Schüler
L: Lehrkraft
TA: Tafelanschrieb
AB: Arbeitsblatt
EA: Einzelarbeit
PA: Partnerarbeit
GA: Gruppenarbeit

Bibliografische Information der Deutschen Bibliothek

Die Deutsche Bibliothek verzeichnet diese Publikation in der Deutschen Nationalbibliografie; detaillierte bibliografische Daten sind im Internet über *http://dnb.ddb.de* abrufbar.

ISBN 978-3-7668-4442-2

2. Auflage 2019

Satz und Herstellung: Karin Class, Calwer Verlag
Umschlaggestaltung: Karin Sauerbier, Stuttgart
Druck und Verarbeitung: Mazowieckie Centrum Poligrafii –
05-270 Marki (Polen) – ul. Słoneczna 3C – www.buecherdrucken24.de

Internet: www.calwer.com
E-Mail: info@calwer.com

Inhalt

Einleitung

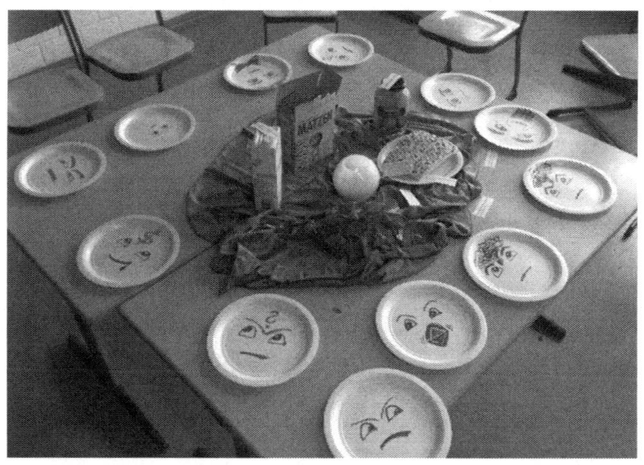

„Schon wieder die Ostergeschichten. Die kennen wir doch schon alle aus der Grundschulzeit."

Die Passions- und Ostergeschichte befindet sich im Rahmen der inhaltsbezogenen Kompetenzen im Bereich *Jesus Christus* und *Kirche und Kirchen*, sowohl im Bildungsplan (Baden-Württemberg) der Grundschule, sowie in der Sekundarstufe. Dabei sind die Inhalte verschieden akzentuiert.

Bereich Kirche und Kirchen (GS)
3.2.6 Die SuS (...) ordnen Feste des Kirchenjahres in den Festkreis ein und zeigen deren Bedeutung auf. (...)
Bereich Jesus Christus (Sek 1)
3.1.5 Die SuS stellen Leben und Wirken Jesu auf dem Hintergrund der jüdisch-christlichen Tradition dar. Sie erläutern die Bedeutung Jesu für Christen und Christinnen. (...)

Die folgenden Unterrichtsbausteine nehmen einzelne Aspekte des Passions- und Ostergeschehens zum Anlass, um mit den SuS über Osterbräuche und Feiertage, sowie zentrale Inhalte des christlichen Glaubens ins Gespräch zu kommen. Was ist an einem Abendessen mit Jesus so besonders? Was ruft der Hahn vom Kirchendach? Beten – was bringt's? Das Kreuz – ein „eindeutiges Zeichen"? Diese und andere Fragen stehen im Mittelpunkt. Dabei geht es nicht darum, den SuS vorgefertigte Antworten zu geben, sondern vielmehr darum, sich mit ihnen auf den Weg zu machen, nach Antworten zu suchen. Dabei werden den SuS Deutungsmöglichkeiten angeboten und gleichzeitig Raum für eigene Deutungen und Antwortmöglichkeiten gegeben.
Während die Symbole der Weihnachtszeit stark an die Kirchenjahreszeit gebunden sind (Krippe, Stern ...), sind die Symbole der Passions- und Osterzeit als zentrale Zeichen in unseren Kirchen und Gottesdiensten, unabhängig von der Kirchenjahreszeit, präsent. Brot und Wein, der Hahn auf dem Kirchendach, das Kreuz, das Gebet sind grundlegende Zeichen und Inhalte, nach deren Bedeutung SuS unabhängig von Festzeiten fragen. In diesem Sinne können einzelne Bausteine auch außerhalb des kirchenjährlichen Kontextes verwendet werden. Die Unterrichtsbausteine sind für die Klassenstufe 6–8 konzipiert, da die symboldidaktische Herangehensweise ein mehrdimensional-symbolisches Verstehen[1] voraussetzt.

1 Biehl, Peter; Symbole geben zu lernen, S. 158
Verschiedene Stufen des Symbolverstehens nach J. Fowler
- **das magisch-numinose Verstehen** (~2–6 Jahre): Kinder unterscheiden nicht zwischen Realität und Symbolik;
- **das eindimensional-wörtliche Verstehen** (7–12 Jahre): symbolische Aussagen werden wörtlich genommen. Begriffe, wie etwa „Himmel" werden wörtlich verstanden und somit mit dem Begriff des „Weltalls" „vermengt";
- **das mehrdimensional-symbolische Verstehen** (13–21 Jahre): Aufgrund der kognitiven Kompetenzen werden Doppel- und Mehrdeutigkeit von Symbolen verstanden. Symbole werden als solche verehrt. Eine symbolkritische Haltung ist noch nicht möglich;
- **das symbolkritische Verstehen** (21–35 Jahre): Symbole können losgelöst von ihrer Deutung betrachtet und kritisch hinterfragt werden;
- **das nachkritische Verstehen** (>35 Jahre) ermöglicht, aufgrund und unter Einbeziehung der kritischen Reflektion, quasi eine Rückkehr zur kindlichen Begegnung mit den Symbolen. Paul Ricoeur nannte dies die „Zweite Naivität".

Jedem Baustein ist eine kurze religionspädagogisch-didaktische Einführung vorangestellt. Die Unterrichtsbausteine wollen insbesondere Berufsanfänger/innen Anregungen für den Aufbau und die Gestaltung von Lernsequenzen geben. Dabei handelt es sich immer um Vorschläge, die individuell angepasst bzw. neu zusammengestellt werden müssen.

Bezug zum Bildungsplan (Baden-Württemberg)

Inhaltsbezogene Kompetenzen

Bereich Jesus Christus

3.1.5 Die SuS stellen Leben und Wirken Jesu auf dem Hintergrund der jüdisch-christlichen Tradition dar. Sie erläutern die Bedeutung Jesu für Christen und Christinnen.

3.1.5 (G) Die SuS können Zusammenhänge zwischen dem Leben von Jesus Christus und Festen des Kirchenjahres aufzeigen.

3.1.5 (M) Die SuS können Zusammenhänge zwischen dem Leben von Jesus Christus und Festen des Kirchenjahres erläutern.

3.1.5 (E) Die SuS können Stationen des Lebens und Wirkens Jesu wiedergeben und in Beziehung zu den Festen des Kirchenjahres setzen.

3.1.5 (G) Die SuS können Jesu Verbindung und Umgang mit der jüdischen Tradition an einzelnen Geschichten wiedergeben.

3.1.5 (M) Die SuS können das Wirken Jesu auf dem Hintergrund seiner Zeit und Umwelt darstellen.

3.1.5 (E) Die SuS können das Wirken Jesu auf dem Hintergrund seiner Zeit und Umwelt erläutern.

3.2.5 (3) Die SuS können sich mit Deutungen von Kreuz und Auferstehung auseinandersetzen.

Bereich Religionen und Weltanschauungen

3.1.7 (G) Die SuS können religiöse Praxis im Christentum am Beispiel von Festen und Gebräuchen der Osterzeit benennen.

3.1.7 (M) Die SuS können religiöse Praxis im Christentum am Beispiel von Festen und Gebräuchen der Osterzeit erläutern.

3.1.7 (E) Die SuS können sich mit religiöser Praxis im Christentum am Beispiel von Festen und Gebräuchen der Osterzeit auseinandersetzen.

Bereich Bibel

3.1.3 (G) Die SuS können die mögliche Bedeutung biblischer Texte für die Gegenwart darstellen.

3.1.3 (M) Die SuS können die mögliche Bedeutung biblischer Texte für die Gegenwart erläutern.

3.1.3 (E) Die SuS können die mögliche Bedeutung biblischer Texte für die Gegenwart untersuchen.

Prozessbezogene Kompetenzen

Wahrnehmungsfähigkeit

Die SuS können

- 2.1.3 grundlegende religiöse Ausdrucksformen (Symbole, Riten, Mythen, Räume, Zeiten) wahrnehmen, sie in verschiedenen Kontexten erkennen, wiedergeben und sie einordnen.

Deutungsfähigkeit
Die SuS können
- religiöse Ausdrucksformen analysieren und sie als Ausdruck existenzieller Erfahrungen verstehen.
- Texte, insbesondere biblische, sachgemäß und methodisch reflektiert auslegen.
- den Geltungsanspruch biblischer und theologischer Texte erläutern und sie in Beziehung zum eigenen Leben und zur gesellschaftlichen Wirklichkeit setzen.

Dialogfähigkeit
Die SuS können
- sich auf die Perspektive eines anderen einlassen und sie in Bezug zum eigenen Standpunkt setzen.
- Gemeinsamkeiten und Unterschiede religiöser und nichtreligiöser Überzeugungen benennen und sie im Hinblick auf mögliche Dialogpartner kommunizieren.

Gestaltungsfähigkeit
Die SuS können
- sich mit Ausdrucksformen des christlichen Glaubens auseinandersetzen und ihren Gebrauch reflektieren.
- religiös bedeutsame Inhalte und Standpunkte medial und adressatenbezogen präsentieren.

Differenzierung

a) Niveaudifferenzierung

Obwohl Differenzierung im RU schon immer eine Rolle gespielt hat, bekommt die Niveaukonkretisierung mit Einführung des Neuen Bildungsplans (BW) einen Schwerpunkt. Die Bausteine sind nach G(rundlegendem) und M(ittlerem) Niveau differenziert. Die inhaltsbezogenen Kompetenzen sind jedoch teilweise zur besseren Einordnung in allen drei Kompetenzniveaus (Niveau G, M und E) ausgewiesen. Unterschiedliche Anforderungen und Aufgabenstellungen befinden sich in fast allen Bausteinen. Die Differenzierung erfolgt durch:
- ⇨ unterstützende Materialien, wie z.B. Hilfskarten,
- ⇨ differenzierte Aufgabenstellung nach Art und Umfang
- ⇨ Verschiedenartige Zugangsformen (Gestalten, Schreiben …)
- ⇨ unterschiedlich akzentuierte Gesprächsimpulse

Die verschiedenen Niveaus sind mit Sternen gekennzeichnet

 Grundlegendes Niveau

 Mittleres Niveau

b) Didaktik und Methodik

Zur Strukturierung und besseren Orientierung dient folgende Lernlandkarte. Diese Lernlandkarte kann mit den SuS in der ersten Stunde entwickelt und mit eigenen Fragestellungen ergänzt werden. Sie dient der Einordnung des Lernens in einen Gesamtzusammenhang.
Allen Bausteinen ist eine Erzählung beigefügt, um SuS mit Lese- bzw. Textverständnis-Schwierigkeiten gerecht zu werden. Da Texte nur dann gedeutet werden können, wenn sie verstanden wurden, kommt der Methode des Erzählens erneut eine wichtige Bedeutung zu. Das Erzählen von biblischen Texten entspricht nicht nur der Textgattung biblischer Geschichten und ist schon deshalb sinnvoll. SuS mit Leseschwierigkeiten erhalten so die notwendige Unterstützung und Motivation, um sich mit biblischen Inhalten auseinanderzusetzen.

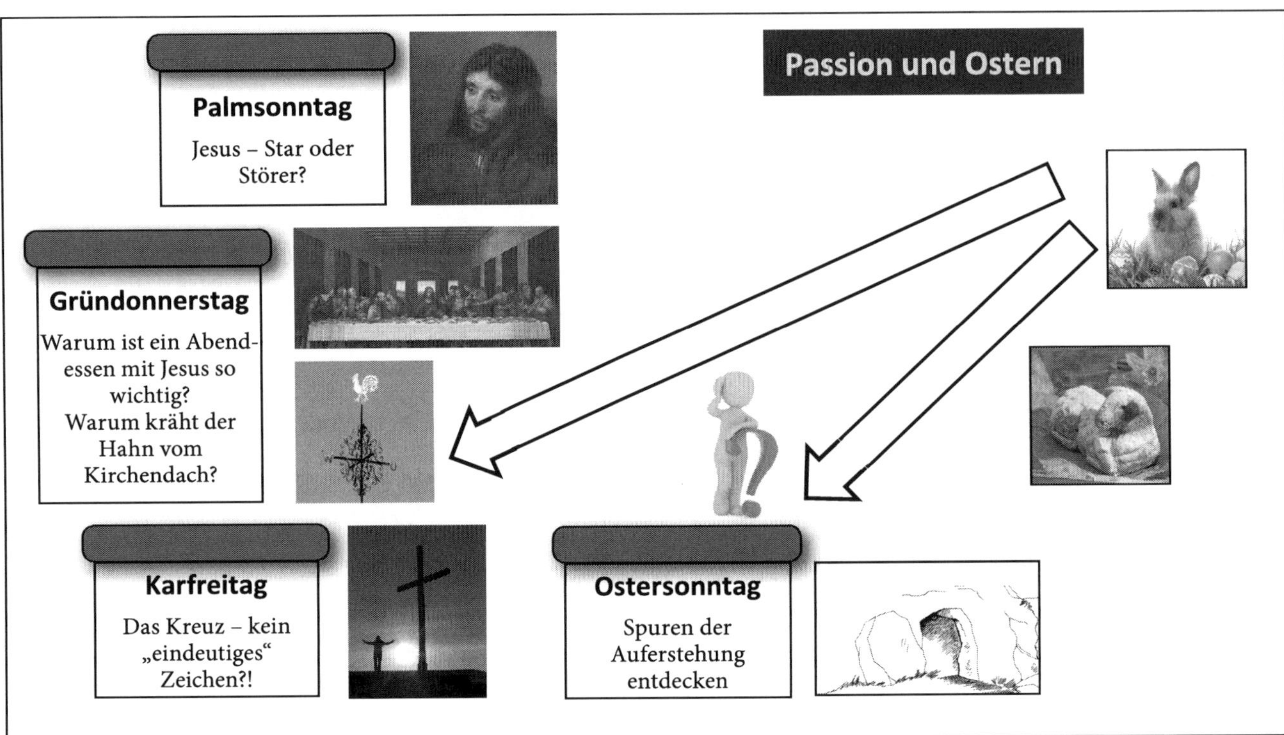

Insbesondere die Veränderung der Schullandschaft und die damit verbundene zunehmende Heterogenität der SuS, fordern Lehrkräfte zunehmend heraus, die Didaktik und Methodik neu zu überdenken und den veränderten Bedingungen anzupassen. Dies erfordert nicht nur eine Anpassung des Unterrichtsstoffs auf verschiedene Niveaus. Es erfordert vielmehr eine neue Lernkultur, in der SuS individuell, gemeinschaftlich und voneinander lernen können. Das „kooperative Lernen von N. und K. Green“ mit seinem konstruktivistischen Ansatz und vielfältigen Methoden unterstützt und bietet Chancen, den Unterricht diesen neuen Herausforderungen anzupassen.

⇨ Lernen vollzieht sich in aktiven Prozessen.
⇨ Lernen knüpft an Vorerfahrung und Vorwissen an.
⇨ Unterrichten wird nicht als Wissenstransport,
sondern als Arrangement von Lernmöglichkeiten verstanden.
⇨ Lernen vollzieht sich in der Auseinandersetzung mit den Konstruktionen
anderer und ist somit ein sozialer Prozess.

Grundprinzip aller Methoden des kooperativen Lernens ist ein Dreischritt „Think-Pair-Share“. In Einzelarbeit haben die SuS die Möglichkeit, ihr Vorwissen zu aktivieren. Die anschließende Partnerarbeit ermöglicht im Austausch eine vertiefte Auseinandersetzung. Wissen wird so verarbeitet und neu konstruiert. Die anschließende Präsentation, dient der Aneignung und Überprüfung der neuen Lerninhalte.

Die folgenden Bausteine verwenden unterschiedliche Methoden des kooperativen Lernens (Gruppenpuzzle, Galeriegang, Think-Pair-Share). Die Bildung von Arbeitsteams im Vorfeld der Unterrichtssequenz ist dafür sinnvoll. Eine Vielzahl an Anregungen finden sich dafür in „Gruppen bilden – Teamgeist entwickeln“ von Ludger Brüning und Tobias Saum. Die unterschiedlichen Arbeits- bzw. Sozialformen sind in den einzelnen Bausteinen mit Smileys gekennzeichnet.

☺ Einzelarbeit
☺☺ Partnerarbeit
☺☺☺☺ Gruppenarbeit

Margit Tschinkel

Baustein 1:
Die Feiertage der Passions- und Osterzeit

Osterfeiertage – mehr als freie Tage?

Zuverlässig in jedem Frühjahr begegnen uns die Feste und Bräuche der Passions- und Osterzeit. Supermärkte mit Osterhasen, Ostereiern und einer Vielzahl von Osterdekorationen, sowie Osterferien und -feiertage stimmen uns auf diese Kirchenjahreszeit ein. Das Osterfest hat in unserer Kultur, ebenso wie die Weihnachtszeit, einen festen Platz im Jahresverlauf. Als Familien- und Schenkfest besitzt die Osterzeit einen hohen Stellenwert in unserer Kultur. Ostern, als christliches Fest der Auferstehung hingegen, verliert zunehmend an Bedeutung. Häufig erleben SuS das Osterfest entkoppelt von seiner christlichen Tradition. Bräuche und Symbole sind einerseits bekannt, können andererseits nicht mehr gedeutet werden und bleiben so inhaltsleer.
Die Unterrichtsbausteine „Passion und Ostern" knüpfen an den Erfahrungen der SuS an. Im ersten Baustein geht es darum, die Feiertage des Osterfestkreises in Beziehung zum Leben Jesu zu setzen.
Der Osterfestkreis gehört neben dem Weihnachtsfestkreis zu den beiden großen Festkreisen des Kirchenjahres. Der Osterfestkreis beginnt mit Aschermittwoch und endet an Pfingsten. Seit dem 2. Jh. wird Ostern als eigenes Fest gefeiert. 325 wurde auf dem Konzil von Nicäa der 1. Sonntag nach dem Frühlingsvollmond als Oster-Termin für die gesamte Christenheit festgelegt. Ab dem 4. Jh. wurden die Ereignisse der Passionsgeschichte auf drei Tage verteilt. Gründonnerstag, Feier des Abendmahls, Karfreitag, die Kreuzigung und Ostern. Häufig fanden in der Osternacht Taufen statt.
Die Bedeutung des Begriffs „Ostern" lässt sich nicht genau klären, wobei es verschiedentliche Erklärungsversuche gibt (www.sprachauskunft-vechta.de/woerter/ostern.htm):

1. Jacob Grimm nahm an, es habe eine germanische Frühlingsgöttin namens *Ostara* gegeben, von der das „Frühjahrsfest" Ostern seinen Namen habe. Diese Ansicht gilt allerdings heute als überholt, da eine solche Göttin nicht nachweisbar ist.
2. *Ostern* hat etwas mit dem Wort *Osten* zu tun. Letzteres bildet gemeinsam mit lateinisch *auster* (‚Südwind'), altslavisch *zaustra* (‚Morgen') und griechisch Eos/lateinisch *Aurora* (‚Morgenröte') eine Wortsippe. Ostern wäre demnach das Fest des Morgens, des Sonnenaufgangs.
3. Jürgen Udolph (Leipzig) schlägt vor, *Ostern* mit Wörtern wie altnordisch *ausa* (‚Wasser schöpfen, gießen') und *austr* (‚begießen') in Verbindung zu bringen. Das Wort *Ostern* könnte demnach etwas mit der Taufe zu tun haben: Diese war im frühen Christentum mit dem Osterfest verbunden. Das dreimalige Begießen mit Wasser würde hier auch den Plural (*die Ostern* ‚Begießungen') erklären, der sonst auf die Tatsache bezogen werden müsste, dass das Fest mehrtägig ist.

Das lateinische Wort für Ostern ist „paschae". Hier wird der Bezug zum Passahfest deutlich.

Anhand von Darstellungen aus der Passionsgeschichte (**M 1–M 4**) erheben die SuS in Baustein 1 ihr Vorwissen zum Leben und Sterben Jesu. Methodisch arbeiten die SuS mit der Methode „Galeriegang" aus dem Bereich des kooperativen Lernens. In Form eines Schreibgesprächs formulieren die SuS ihr Vorwissen zu den Geschichten, fügen Kommentare und Anmerkungen zu den Gedanken anderer SuS hinzu. Die SuS wandern von Tischgruppe zu Tischgruppe. Ein Schüler bleibt sitzen und fasst die bisherigen Ergebnisse zusammen. In EA verbinden und vertiefen die SuS anschließend ihr Vorwissen mit den Feiertagen des Osterfestkreises (**M 5** und **M 6**). Sie ordnen mit Hilfe eines Kalenders die Feste in den Jahreskreis ein. Anhand von unterstützendem Material (**M 7** und **M 8**) besteht die Möglichkeit, die EA für SuS zu differenzieren. Die Methode „Lerntempo-Duett" ermöglicht des Weiteren eine Differenzierung nach Lerntempi. Die SuS erarbeiten in EA ihre Aufgaben. Im zweiten Schritt treffen sie sich an einer vereinbarten Stelle im Klassenzimmer. Sie vergleichen und ergänzen ihre Ergebnisse: Im Anschluss erhalten die SuS vertiefende Aufgaben (siehe Seite 10).

Die der Vertiefung ist in zwei Niveaus differenziert.

Kompetenz
3.1.5 (G) Die SuS können Zusammenhänge zwischen dem Leben von Jesus Christus und Festen des Kirchenjahres aufzeigen.
3.1.5 (M) Die SuS können Zusammenhänge zwischen dem Leben von Jesus Christus und Festen des Kirchenjahres erläutern.
3.1.5 (E) Die SuS können Stationen des Lebens und Wirkens Jesu wiedergeben und in Beziehung zu den Festen des Kirchenjahres setzen.

Materialien
M 1 bis M 4: Bilder aus der Passionsgeschichte
M 5: Erklärungen zu den Kirchenfesten der Passions- und Osterzeit
M 6, M 7, M 8: Arbeitsblätter zu Passions- und Osterzeit

Einstieg GA ☺ ☺☺	Die SuS arbeiten in Gruppen. Jede Gruppe erhält ein Bild aus **M 1–M 4** ⇒ Die SuS notieren ihr Vorwissen. ⇒ Die SuS tauschen sich aus. *Methode: Galeriegang* Einer bleibt sitzen, die anderen gehen zur nächsten Tischgruppe. Derjenige, der sitzen bleibt, präsentiert. Die SuS ergänzen: Anmerkungen, Fragezeichen, Ausrufezeichen. Zurück in der Ausgangsgruppe berichten die SuS ihrem Teamleiter aus den anderen Arbeitsgruppen.	**M 1–M 4** oder Bilder aus der Kinderbibel (Jesu Einzug in Jerusalem; Das Abendmahl; Jesus am Kreuz; Das leere Grab)
Plenum	Gespräch im Plenum, Klärung von Fragen und Anmerkungen. ⇒ Findet eine passende Überschrift zu den Bildern. ⇒ Feiertage in unserem Kalender erinnern bis heute an diese Ereignisse. *Methode: Lerntempo-Duett* Die SuS erarbeiten in EA ihre Aufgaben **M 6**. Die SuS treffen sich an einer vereinbarten Stelle im Klassenzimmer. Sie vergleichen und ergänzen ihre Ergebnisse. Die SuS erhalten vertiefende Aufgaben.	Jahreskalender mit kirchlichen Festtagen ausdrucken (Internet) **M 5** Texte
Erarbeitung  ☺	Die SuS erarbeiten mit Hilfe von **M 5** und **M 6** und einem Kalender die Feste in der Passions- und Osterzeit.	
	**M 7** und **M 8**: unterstützendes Material	
Vertiefende Aufgaben  ☺ ☺☺	⇒ Gestalte ein Bild zu dem von dir ausgewählten Festtag. ⇒ Lasst euren Arbeitspartner raten.	
 ☺ ☺☺	⇒ Schreibe zu einem Festtag ein Rätsel in dein Heft. ⇒ Stellt euer Rätsel gegenseitig eurem Arbeitspartner vor.	

M 1

Jesu Einzug in Jerusalem

M 2

Das Abendmahl

M 3

Jesus am Kreuz

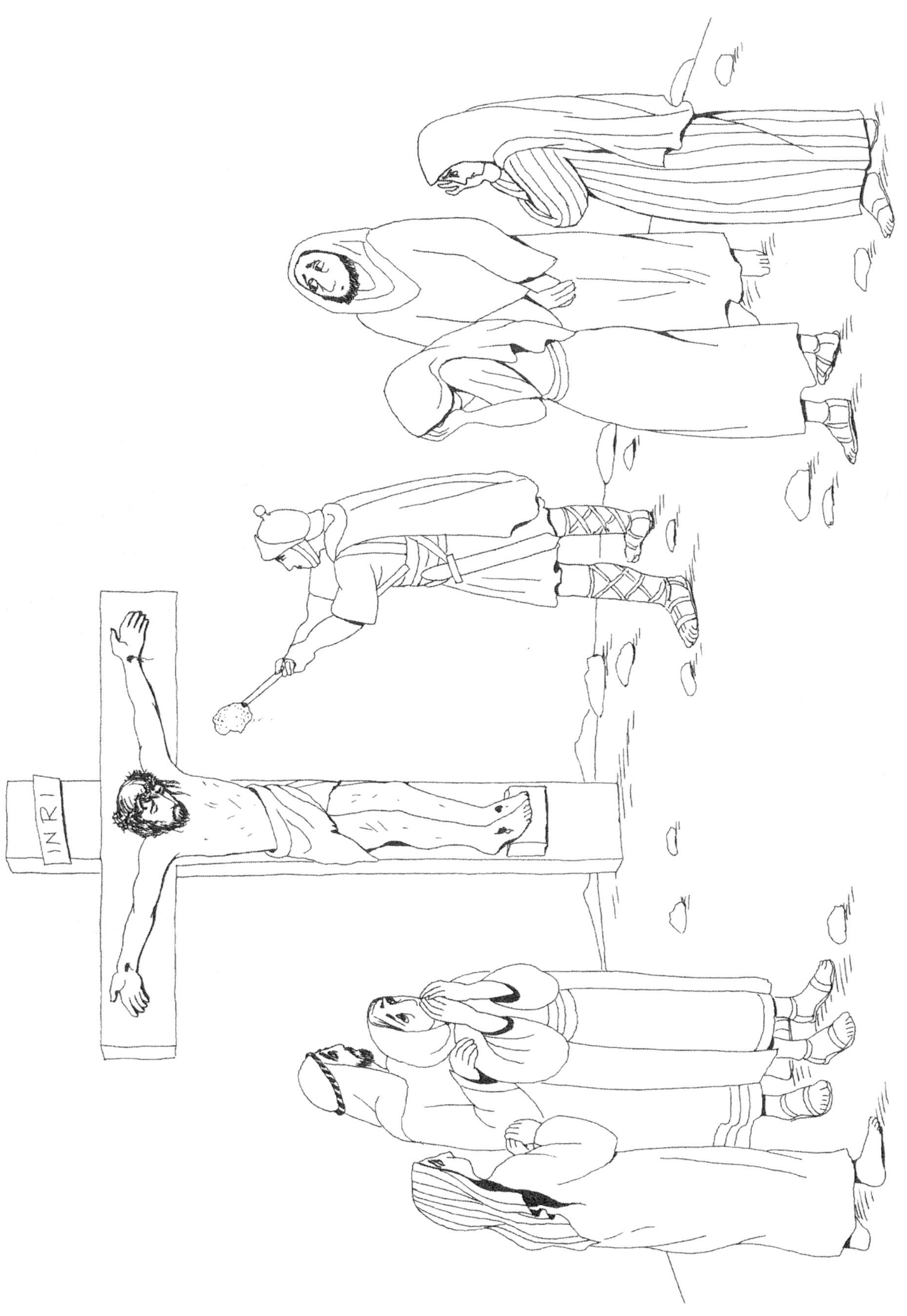

M 4

Das leere Grab

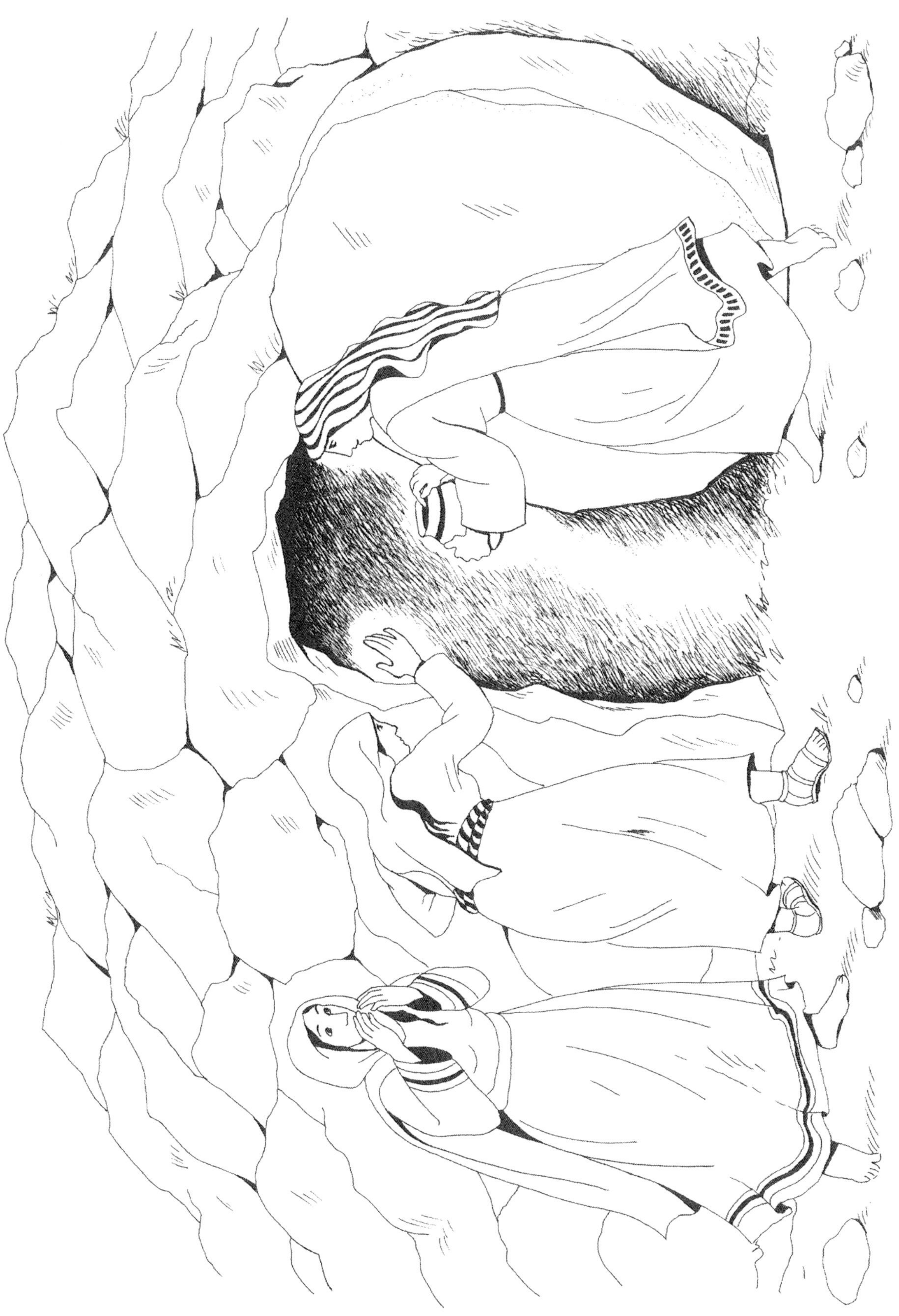

M 5

Die Passions- und Osterzeit

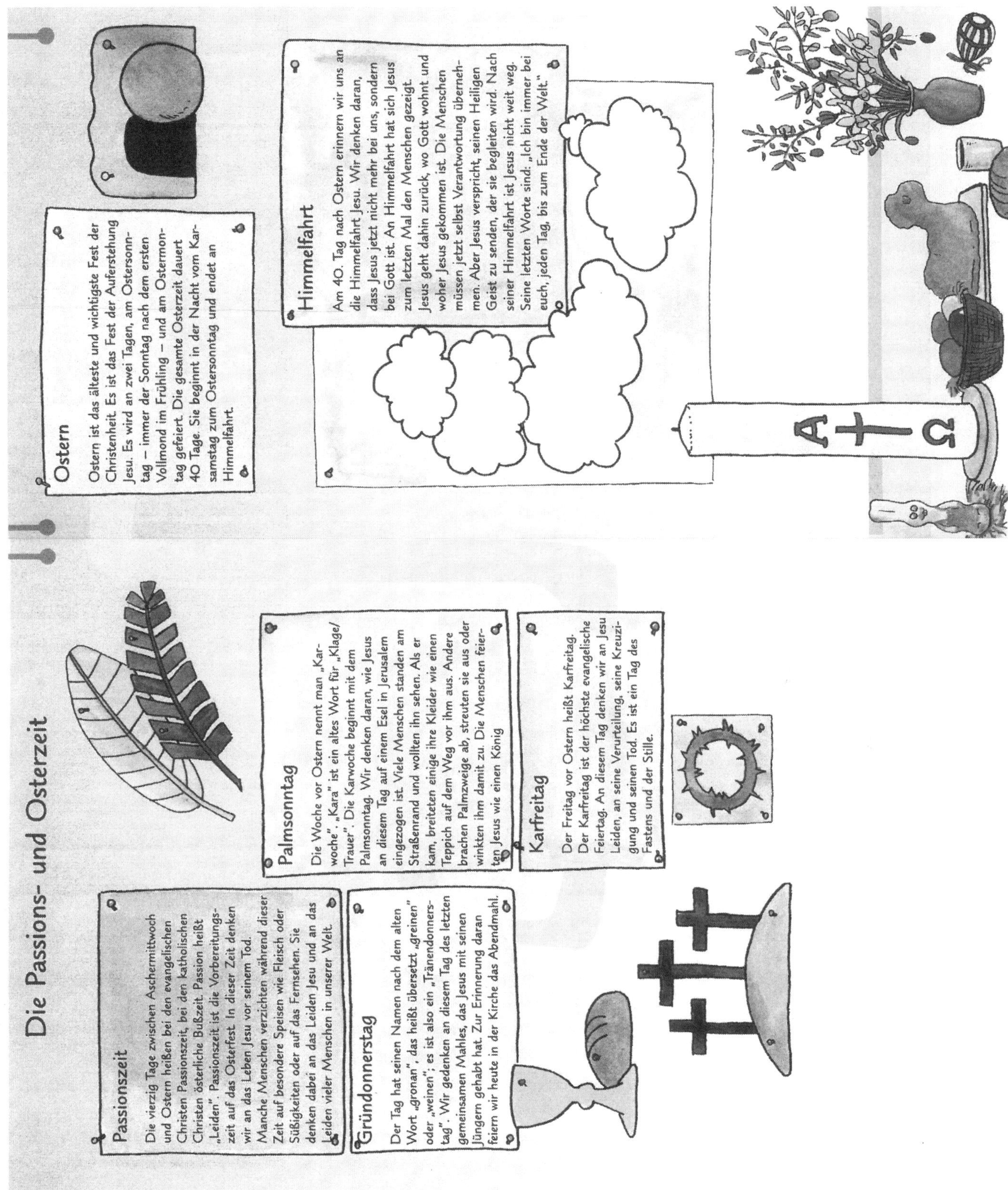

Die Passions- und Osterzeit

Passionszeit

Die vierzig Tage zwischen Aschermittwoch und Ostern heißen bei den evangelischen Christen Passionszeit, bei den katholischen Christen österliche Bußzeit. Passion heißt „Leiden". Passionszeit ist die Vorbereitungszeit auf das Osterfest. In dieser Zeit denken wir an das Leben Jesu vor seinem Tod. Manche Menschen verzichten während dieser Zeit auf besondere Speisen wie Fleisch oder Süßigkeiten oder auf das Fernsehen. Sie denken dabei an das Leiden Jesu und an das Leiden vieler Menschen in unserer Welt.

Palmsonntag

Die Woche vor Ostern nennt man „Karwoche". „Kara" ist ein altes Wort für „Klage/Trauer". Die Karwoche beginnt mit dem Palmsonntag. Wir denken daran, wie Jesus an diesem Tag auf einem Esel in Jerusalem eingezogen ist. Viele Menschen standen am Straßenrand und wollten ihn sehen. Als er kam, breiteten einige ihre Kleider wie einen Teppich auf dem Weg vor ihm aus. Andere brachen Palmzweige ab, streuten sie aus oder winkten ihm damit zu. Die Menschen feierten Jesus wie einen König

Gründonnerstag

Der Tag hat seinen Namen nach dem alten Wort „gronan", das heißt übersetzt „greinen" oder „weinen"; es ist also ein „Tränendonnerstag". Wir gedenken an diesem Tag des letzten gemeinsamen Mahles, das Jesus mit seinen Jüngern gehabt hat. Zur Erinnerung daran feiern wir heute in der Kirche das Abendmahl.

Karfreitag

Der Freitag vor Ostern heißt Karfreitag. Der Karfreitag ist der höchste evangelische Feiertag. An diesem Tag denken wir an Jesu Leiden, an seine Verurteilung, seine Kreuzigung und seinen Tod. Es ist ein Tag des Fastens und der Stille.

Ostern

Ostern ist das älteste und wichtigste Fest der Christenheit. Es ist das Fest der Auferstehung Jesu. Es wird an zwei Tagen, am Ostersonntag – immer der Sonntag nach dem ersten Vollmond im Frühling – und am Ostermontag gefeiert. Die gesamte Osterzeit dauert 40 Tage. Sie beginnt in der Nacht vom Karsamstag zum Ostersonntag und endet an Himmelfahrt.

Himmelfahrt

Am 40. Tag nach Ostern erinnern wir uns an die Himmelfahrt Jesu. Wir denken daran, dass Jesus jetzt nicht mehr bei uns, sondern bei Gott ist. An Himmelfahrt hat sich Jesus zum letzten Mal den Menschen gezeigt. Jesus geht dahin zurück, wo Gott wohnt und woher Jesus gekommen ist. Die Menschen müssen jetzt selbst Verantwortung übernehmen. Aber Jesus verspricht, seinen Heiligen Geist zu senden, der sie begleiten wird. Nach seiner Himmelfahrt ist Jesus nicht weit weg. Seine letzten Worte sind: „Ich bin immer bei euch, jeden Tag, bis zum Ende der Welt."

Aus: Kursbuch Religion elementar 5/6, Calwer Verlag / Diesterweg, Stuttgart/Braunschweig 2003, S. 170f.

M 6

Die Passions- und Osterzeit

Aufgaben:

1. Fülle die Lücken aus.
2. Trage das diesjährige Datum der Feste ein.
3. Male ein passendes Symbol in das Kästchen.

Zwischen Aschermittwoch und Ostern liegen 40 Tage.
Diese Kirchenjahreszeit heißt ____________________ .
Es ist eine Vorbereitungszeit auf das Osterfest. Viele Christen verzichten in dieser Zeit auf

____ .

Sie denken an das Leiden Jesu und das Leiden ____ .
Passion bedeutet ____________________ .

Palmsonntag Datum: ____________________
Der Palmsonntag erinnert uns daran, wie Jesus mit einem Esel in
____________________ eingezogen ist. Die Menschen haben ihn wie einen
____________________ verehrt.

Gründonnerstag Datum: ____________________
Der Tag hat seinen Namen nach dem alten Wort ____________________ .
Das bedeutet ____________________ . Wir denken an diesem Tag daran,
dass Jesus mit seinen Jüngern das letzte ____________________ gefeiert hat.

Karfreitag Datum: ____________________
Kara ist ein altes Wort für ____________________ . Wir erinnern uns daran,
wie Jesus an diesem Tag __________________________ wurde und gestorben ist.

Ostern Datum: ____________________
Ostern ist das älteste und ____________________ Fest der Christen.
Es ist das Fest der ______________________ Jesu.

Himmelfahrt Datum: ____________________
_____ Tage nach Ostern feiern wir Christi Himmelfahrt.
Jesus ist an diesem Tag zu seinem __________ in den Himmel zurückgegangen.
Jesus verspricht, dass er durch den ________________________ immer bei uns ist.

❑ Ich habe es alleine geschafft.
❑ Ich habe Hilfe gebraucht.
❑ Ich konnte anderen helfen.

Unterstützung für das Arbeitsblatt M 6

Setze folgende Wörter ein:

40	Klage
besondere Speisen (Süßigkeiten, Fleisch ...)	Auferstehung
der Menschen in der Welt	gekreuzigt
greinen	Vater
Jerusalem	weinen
König	Heiligen Geist
Leiden	Abendmahl
Passionszeit	wichtigste

M 8

Die Passions- und Osterzeit 

Aufgaben:
1. Lies die Texte und schau dir den Kalender genau an.
2. Fülle die Lücken aus.
3. Zeichne passende Symbole zum Fest.

Die Zeit zwischen Aschermittwoch und Ostern heißt ____________________.
Es sind ________ Tage. Passion bedeutet Leiden.
Es ist eine Fasten- und Vorbereitungszeit auf das Osterfest.
Viele Christen verzichten in dieser Zeit auf ____.
Sie denken an das Leiden Jesu und das Leiden der Menschen in der Welt.

Palmsonntag Datum: ____________________
An Palmsonntag erinnern wir uns daran, wie Jesus mit einem Esel nach Jerusalem eingezogen ist.
Die Menschen haben ihm zugejubelt und ihn, wie einen König verehrt.

Gründonnerstag Datum: ____________________
Der Tag hat seinen Namen nach dem alten Wort greinen. Das bedeutet weinen. Wir denken an diesem Tag daran, dass Jesus mit seinen Jüngern das letzte Abendmahl gefeiert hat.

Karfreitag Datum: ____________________
Kara ist ein altes Wort für Klage. Dieser Tag erinnert uns daran, dass Jesus gekreuzigt wurde und gestorben ist.

Ostern Datum: ____________________
Ostern ist das älteste und wichtigste Fest der Christen.
Es ist das Fest der Auferstehung Jesu.

Himmelfahrt Datum: ____________________
40 Tage nach Ostern feiern wir Christen die Himmelfahrt Jesu.
Jesus ist an diesem Tag zu seinem Vater in Himmel zurückgegangen.
Jesus verspricht, dass er durch den Heiligen Geist immer bei uns ist.

- ☐ Ich habe es alleine geschafft.
- ☐ Ich habe Hilfe gebraucht.
- ☐ Ich konnte anderen helfen.

Baustein 2:
Osterbräuche

Was haben Ostereier mit der Auferstehung zu tun?

Fragt man SuS nach ihren Assoziationen zum Osterfest, bekommt man in der Regel als erstes das Osterei und den Osterhasen zur Antwort. Diese Bräuche sind tief in unserer Kultur verankert. Auf die Frage nach der Bedeutung der Bräuche oder auch des Osterfestes werden die Antworten rar. Dies belegen auch verschiedene Umfragen:
„Lediglich 47 Prozent der Bundesbürger verbinden mit Ostern die Auferstehung. Ein Drittel (37 Prozent) besucht einen Ostergottesdienst. Eine repräsentative Emnid-Befragung ergab, dass 15 Prozent der 20- bis 29-Jährigen glauben, dass an Ostern die Geburt Jesu gefeiert wird. Drei Prozent dieser Altersgruppe glaubten sogar, dass Jesu Hochzeit der Anlass von Ostern sei. Neun Prozent aller Befragten wissen überhaupt nichts vom religiösen Hintergrund des Festes." (www.faz.net, 18.04.2013)

Obwohl das Osterfest zahlreich an zum Teil sehr regionalen Bräuchen ist, bleiben diese heute oft inhaltsleer. Sie dienen nicht dem Transport der Osterbotschaft, sondern sind vielmehr eine willkommene Unterbrechung des Alltags, ein Familienfest, „Spaß für Kinder".
Mit der fehlenden Möglichkeit Ostern und seine Bräuche zu deuten, gewinnt das Osterfest an Bedeutungslosigkeit und bekommt den Wert der Folklore und wird häufig abgelehnt.

Der folgende Baustein will die Osterbräuche, ihre Herkunft und Bedeutung für die SuS erschließen.
Anhand von Bildern in **M 1** erhalten die SuS die Möglichkeit, über eigene Erfahrungen mit Osterfeiern und Osterbräuchen zu berichten.
In PA erarbeiten die SuS jeweils einen Osterbrauch ausführlich. Als Online-Recherche suchen sie Hintergrundinformationen zu den jeweiligen Bräuchen im Internet. Mit Hilfe eines Plakates oder mitgebrachten Gegenständen präsentieren die SuS die Ergebnisse zu **M 1** und **M 2**.
Für SuS, die Schwierigkeiten haben Informationen aus dem Internet zu recherchieren, dient **M 3** als Unterstützung.

Zusammenfassend erhalten die SuS **M 4**.
In Niveau ★ markieren die SuS nochmals wichtige Informationen im Text. In PA stellen die SuS ein oder zwei Osterbräuche ihrem Arbeitspartner vor. Zur Schulung des genauen Zuhörens, werden in die Präsentation Fehler eingebaut, die vom Arbeitspartner entdeckt werden müssen. Anschließend können Bilder zu den Osterbräuchen gezeichnet werden.

In Niveau ★ ★ untersuchen die SuS inwiefern die Osterbräuche etwas mit der Person Jesu bzw. mit Ostern zu tun haben.

Diese Bräuche können im Anschluss nochmals zusammenfassend dargestellt werden. Gemeinsam kann überlegt werden, welche Bräuche bzw. Symbole für die Gestaltung eines Ostergottesdienstes gut geeignet sind.

Kompetenz
3.1.7 (G) Die SuS können religiöse Praxis im Christentum am Beispiel von Festen und Gebräuchen der Osterzeit benennen.
3.1.7 (M) Die SuS können religiöse Praxis im Christentum am Beispiel von Festen und Gebräuchen der Osterzeit erläutern.
3.1.7 (E) Die SuS können sich mit religiöser Praxis im Christentum am Beispiel von Festen und Gebräuchen der Osterzeit auseinandersetzen.

Materialien
M 1: Bilder zu Osterbräuchen und Linkliste zur Recherche im Internet
M 2: Arbeitsblatt zu Osterbräuchen
M 3: Hilfskarten zu Osterbräuchen
M 4: Osterbräuche

Einstieg  ☺☺	⇒ Schreibt Osterbräuche auf, die ihr kennt. ⇒ Tauscht euch mit eurem Arbeitspartner aus.	
	Die Bilder **M 1** werden in die Mitte des Stuhlkreises gelegt. ⇒ Wähle ein Bild aus und erzähle, was du darüber weißt. *Osterlamm*, *Ostermarsch*, *Osterkerze*, *Osterfeuer* | *Osterbrunnen*, *Osterhase*, *Ostereier*	**M 1** Bilder zu Osterbräuchen (farbige Vorlagen im Anhang)
Erarbeitung ☺☺	Die SuS erhalten **M 1** und **M 2**. ⇒ Sucht in PA einen Osterbrauch aus. ⇒ Recherchiert im Internet mit Hilfe von **M 1** und bearbeitet **M 2**. *Methode: Internetrecherche* 1. Erkläre den Brauch. 2. Gibt es diesen Brauch auch in eurer Familie? 3. Finde Informationen zur Entstehung. 4. Hat dieser Brauch mit Jesus und der Auferstehung zu tun? 5. Finde ein passendes Bild. 6. Entwerfe eine schön gestaltete Seite in deinem Heft. (Alternativ: Handout, Plakat)	Linkliste zur Internet-Recherche **M 1 / M 2** AB Osterbräuche
★	SuS, die Schwierigkeiten haben, können mit Hilfe von **M 3** arbeiten.	**M 3** Hilfskarten zu Osterbräuchen
Präsentation ☺☺	Vortrag ca. 3–5 Minuten	
Zusammen-☺ fassung	SuS erhalten **M 4**: Übersicht über alle Osterbräuche.	**M 4** Übersicht über alle Osterbräuche
 ☺☺	⇒ Markiere in jedem Abschnitt drei Aussagen. ⇒ Stelle deinem Arbeitspartner in eigenen Worten zwei Bräuche vor. Baue dabei drei Fehler ein! Dein Arbeitspartner muss die Fehler finden. ⇒ Male ein Bild zu den einzelnen Bräuchen.	
	⇒ Markiere die Bräuche, die etwas mit dem Leben Jesu und der Auferstehung zu tun haben. ⇒ Welche Bräuche würdest du für einen Ostergottesdienst an der Schule auswählen? Begründe deine Antwort.	

M 1

Bilder zu Osterbräuchen

Linkliste zur Recherche von Osterbräuchen im Internet:

www.kindernetz.de (Ostern)
www.religionen-entdecken.de (Osterbräuche)
www.helles-koepfchen.de (Ostern)
www.heiligenlexikon.de (Kalender → bewegliche Feste → Ostern)
www.bistum-passau.de (Osterbraeuche und -symbole)
www.oekumene-ack.de (Themen → Geistliche-Oekumene → Ostern → Materialien und Texte zum gemeinsamen Osterfest 2014)
www.theology.de (Kirche → Kirchenjahr → Ostern)
www.relilex.de (Ostern)
www.stadtmuseum.de (Osterbräuche)

M 2

Osterbräuche

Mein Osterbrauch ist: ____________________

Finde Informationen im Internet.
Auf welchen Internetseiten hast du deine Informationen gefunden?

____

1. Erkläre den Brauch. Was wird getan? Wie wird gefeiert?

____

____

____

2. Gibt es diesen Brauch auch in eurer Familie? Wenn ja, erzähle darüber.

____

____

____

3. Finde Informationen zu seiner Entstehung. Wann ist er entstanden? Wie ist er entstanden?

____

____

____

4. Hat dieser Osterbrauch mit Jesus bzw. der Auferstehung zu tun?
   Schreibe deine Entdeckungen auf.

____

____

____

5. Finde ein passendes Bild.
6. Entwerfe eine schön gestaltete Seite in deinem Heft.
7. Präsentiert eure Ergebnisse mit Hilfe eines Bildes, Plakats oder Gegenstandes (Vortrag ca. 3–5 Minuten).

Hilfskarten zu Osterbräuchen

Osterfeuer

In der Osternacht wird in einigen Gemeinden (vor allem in Norddeutschland) ein Osterfeuer entzündet.

Mit diesem sehr alten Brauch sollte ursprünglich der Winter vertrieben werden. Der Winter war für die Menschen früher lebensbedrohlich.

Am Osterfeuer wird in der Osternacht die Osterkerze entzündet. Licht und Feuer sind Symbole für Jesus, der sagt: „Ich bin das Licht der Welt.“

Osterbrunnen

Vor Ostern werden die Brunnen auf den Marktplätzen mit Ostereiern und Bändern geschmückt.

Wasser ist lebensnotwendig. Fließendes Wasser im Haus war für die Menschen vor 200 Jahren undenkbar. Sie mussten an den Brunnen Wasser schöpfen. Die Brunnen im Dorf waren deshalb besonders wichtig. Im Frühjahr reinigte man die Brunnen gemeinsam. Es entstand der Brauch, am Ostersamstag die Brunnen festlich zu schmücken. Wasser spielte auch bei der Taufe eine große Rolle. Früher wurden die Menschen an Ostern getauft.

Osterhase

An Ostern versteckt der Osterhase die Ostereier und Osternester im Garten. Die Kinder suchen am Ostersonntag, was der Osterhase versteckt hat.

Hasen bekommen bis zu 20 Jungen pro Jahr. Der Hase ist somit ein Symbol für neues Leben und deshalb auch für Ostern und die Auferstehung. Da es im Winter nicht so viel Nahrung gibt, kamen Hasen häufig im Frühjahr in die Gärten, um dort nach Nahrung zu suchen. So entstand vermutlich der Brauch, dass die Hasen an Ostern die bunten Eier bringen.

Osterkerze

Die Osterkerze wird am Osterfeuer entzündet und feierlich in die Kirche getragen.

Sie ist ein Symbol für Jesus. Jesus hat in das Leben vieler Menschen „Licht“ gebracht (gemeint ist: Freundlichkeit, Liebe …). Zum Beispiel: Für Kinder hatte Jesus Zeit, für Zachäus hatte Jesus ein gutes Wort, eine bucklige Frau hat er aufgerichtet, ein Blinder konnte wieder sehen …

Jesus sagt: Macht auch ihr das Leben anderer hell. Tut Gutes! Daran erinnert die Osterkerze.

Hilfskarten zu Osterbräuchen

Ostereier
Ostereier werden bemalt und im Garten oder in der Wohnung an Ostern versteckt. Die Kinder dürfen die Ostereier (vor allem Schokoeier) suchen.
Die Eier sind ein Symbol für neues Leben. Die ersten Christen legten als Zeichen der Auferstehung den Toten ein Ei ins Grab.
Im Mittelalter wurde in der 40-tägigen Fastenzeit auf Fleisch und Eier verzichtet. Dadurch häuften sich bis Ostern viele Eier an. Diese wurden haltbar gemacht, in dem man sie abkochte. Die Tradition des Eierbemalens entstand. Eier wurden für Kinder im Garten versteckt.

Osterlamm
An Ostern gibt es beim Bäcker Osterlämmer zu kaufen. Es ist ein Kuchenteig, der in einer Lammform gebacken wird. Du kannst es auch selbst backen.
Das Lamm ist ein sehr altes christliches Symbol. Es steht für Jesus, der sich für die Menschen aufopfert. Lämmer waren im Altertum Opfertiere. Vielleicht erinnerst du dich an die Mose-Geschichte. Mose wollte sein Volk aus Ägypten führen. Der Pharao war dagegen. Es kamen 10 Plagen. In der Nacht vor dem Auszug sollten alle erstgeborenen Söhne sterben. Nur diejenigen Familien wurden verschont, die ein Lamm schlachteten. Das Lamm starb an Stelle der Söhne.
Jesus sagte zu seinen Jüngern kurz vor seinem Tod. „Ich opfere mein Leben für euch."

Ostermarsch
Jedes Jahr gibt es am Ostermontag Demonstrationen für den Frieden. Menschen versammeln sich in Städten und maschieren für den Frieden.
Am 7. April 1958 gingen in London Menschen an Ostern auf die Straße, um gegen Atomwaffen zu protestieren. Dieser Brauch setzte sich fort. 1960 marschierten auch in Deutschland Menschen an Ostern für den Frieden und gegen Atomwaffen. Bis heute finden an Ostern Friedensdemonstrationen statt.

Osterbräuche

Aufgaben: 

1. Markiere in jedem Abschnitt drei Aussagen.
2. Stelle deinem Arbeitspartner in eigenen Worten zwei Bräuche vor. Baue dabei drei Fehler ein! Dein Arbeitspartner muss die Fehler finden.
3. Male ein Bild zu den einzelnen Bräuchen.

Aufgaben: 

1. Markiere die Bräuche, die etwas mit dem Leben Jesu und der Auferstehung zu tun haben.
2. Ihr gestaltet einen Ostergottesdienst an der Schule. Welche Zeichen kommen auf die Einladung? Begründe deine Wahl.

Osterfeuer *In der Osternacht wird in einigen Gemeinden (vor allem in Norddeutschland) ein Osterfeuer entzündet.* Mit diesem sehr alten Brauch sollte ursprünglich der Winter vertrieben werden. Der Winter war für die Menschen früher lebensbedrohlich. Am Osterfeuer wird in der Osternacht die Osterkerze entzündet. Licht und Feuer sind Symbole für Jesus, der sagt: „Ich bin das Licht der Welt.“	
Osterbrunnen *Vor Ostern werden die Brunnen auf den Marktplätzen mit Ostereiern und Bändern geschmückt.* Wasser ist lebensnotwendig. Fließendes Wasser im Haus war für die Menschen vor 200 Jahren undenkbar. Sie mussten an den Brunnen Wasser schöpfen. Die Brunnen im Dorf waren deshalb besonders wichtig. Im Frühjahr reinigte man die Brunnen gemeinsam. Es entstand der Brauch, am Ostersamstag die Brunnen festlich zu schmücken. Wasser spielte auch bei der Taufe eine große Rolle. Früher wurden die Menschen an Ostern getauft.	
Osterhase *An Ostern versteckt der Osterhase die Ostereier und Osternester im Garten. Die Kinder suchen am Ostersonntag, was der Osterhase versteckt hat.* Hasen bekommen bis zu 20 Jungen pro Jahr. Der Hase ist somit ein Symbol für neues Leben und deshalb auch für Ostern und die Auferstehung. Da es im Winter nicht so viel Nahrung gibt, kamen Hasen häufig im Frühjahr in die Gärten, um dort nach Nahrung zu suchen. So entstand vermutlich der Brauch, dass die Hasen an Ostern die bunten Eier bringen.	

Osterbräuche

Osterkerze *Die Osterkerze wird am Osterfeuer entzündet und feierlich in die Kirche getragen.* Sie ist ein Symbol für Jesus. Jesus hat in das Leben vieler Menschen „Licht" gebracht (gemeint ist: Freundlichkeit, Liebe ...). Zum Beispiel: Für Kinder hatte Jesus Zeit, für Zachäus hatte Jesus ein gutes Wort, eine bucklige Frau hat er aufgerichtet, ein Blinder konnte wieder sehen ... Jesus sagt: Macht auch ihr das Leben anderer hell. Tut Gutes! Daran erinnert die Osterkerze.	
Ostereier *Ostereier werden bemalt und im Garten oder in der Wohnung an Ostern versteckt. Die Kinder dürfen die Ostereier (vor allem Schokoeier) suchen.* Die Eier sind ein Symbol für neues Leben. Die ersten Christen legten als Zeichen der Auferstehung den Toten ein Ei ins Grab. Im Mittelalter wurde in der 40-tägigen Fastenzeit auf Fleisch und Eier verzichtet. Dadurch häuften sich bis Ostern viele Eier an. Diese wurden haltbar gemacht, in dem man sie abkochte. Die Tradition des Eierbemalens entstand. Eier wurden für Kinder im Garten versteckt.	
Osterlamm *An Ostern gibt es beim Bäcker Osterlämmer zu kaufen. Es ist ein Kuchenteig, der in einer Lammform gebacken wird. Du kannst es auch selbst backen.* Das Lamm ist ein sehr altes christliches Symbol. Es steht für Jesus, der sich für die Menschen aufopfert. Lämmer waren im Altertum Opfertiere. Vielleicht erinnerst du dich an die Mose-Geschichte. Mose wollte sein Volk aus Ägypten führen. Der Pharao war dagegen. Es kamen 10 Plagen. In der Nacht vor dem Auszug sollten alle erstgeborenen Söhne sterben. Nur diejenigen Familien wurden verschont, die ein Lamm schlachteten. Das Lamm starb an Stelle der Söhne. Jesus sagte zu seinen Jüngern kurz vor seinem Tod. „Ich opfere mein Leben für euch."	
Ostermarsch *Jedes Jahr gibt es am Ostermontag Demonstrationen für den Frieden. Menschen versammeln sich in Städten und maschieren für den Frieden.* Am 7. April 1958 gingen in London Menschen an Ostern auf die Straße, um gegen Atomwaffen zu protestieren. Dieser Brauch setzte sich fort. 1960 marschierten auch in Deutschland Menschen an Ostern für den Frieden und gegen Atomwaffen. Bis heute finden an Ostern Friedensdemonstrationen statt.	

Baustein 3: Jesus zieht in Jerusalem ein

Jesus – Star oder Störer?

Alle vier Evangelien berichten vom Einzug Jesu nach Jerusalem (Mt 21,1–11; Mk 11,1–10; Lk 19,28–38; Joh 12,12–19). Jesus wird von den Menschen bejubelt und als König, Retter und Messias gefeiert. Kontextuell steht die Erzählung im Spannungsfeld von „wunderbarem“ Handeln Jesu, das die Menschen für die Botschaft vom Reich Gottes öffnet und begeistert. Gleichzeitig wächst die Kritik an seiner Person. Dies wird in den synoptischen Evangelien durch die nachfolgende Erzählung der Tempelreinigung deutlich.
Die Botschaft Jesu, sein Leben und Handeln, begeistern Menschen früher wie heute. Gleichzeitig wächst, insbesondere in der streng religiösen Bevölkerung, Widerstand gegenüber seiner Kritik am religiösen Kult, dem damaligen Gottesbild und dem Umgang mit der Tora.
Dieser Baustein möchte die SuS anregen, über ihr Verständnis von Jesus und seiner Botschaft nachzudenken. War Jesus ein Star? Was begeistert Menschen bis heute an seiner Botschaft? Wo wächst Kritik und Widerstand gegenüber seiner Person und seinem Handeln?
Anknüpfend an Erfahrungen der SuS beginnt die Lernsequenz mit einem Gespräch über Stars (**M 1**). Stars und Fankult kennen SuS aus dem Bereich Musik, Sport, Film, usw. Menschen begeistern durch ihr Tun und Können. Dem gegenüber wird die Person Jesus (**M 2**) gestellt. Den SuS ist Jesus durch Erzählungen, bzw. Darstellungen seiner Person bekannt. Ist er deshalb ein Star? Die SuS werden herausgefordert, Position zu beziehen und diese zu begründen.
Im Anschluss daran findet eine Begegnung mit dem Text aus Mt 21,1–11 (**M 3a**) unter der Fragestellung „Jesus ein Star?“ statt. Die Erzählung wird durch die Bilder (**M 3a–b**) unterstützt.
Anhand von ausgewählten Erzählungen, die den SuS aus dem RU der GS bekannt sein sollten, setzen sie sich mit der Frage auseinander, was Menschen an Jesus begeistert bzw. stört. Methodisch arbeiten die SuS in Form eines Gruppenpuzzles (**M 4–M 6**). In 4-er bzw. 3-er Gruppen erhalten die SuS einer Arbeitsgruppe die Aufgaben (**M 4a–d**). Die Aufgabenstellungen sind nach zwei Anforderungsniveaus differenziert. Je nach Einschätzung und Interesse können die SuS die Aufgaben ★ und/oder ★★ wählen. In EA bearbeiten die SuS die Aufgaben. Die SuS mit derselben Arbeitsaufgabe überprüfen und ergänzen anschließend in Expertengruppen ihre Ergebnisse. Zurück in der Stammgruppe werden die Ergebnisse präsentiert. Im Anforderungsniveau ★ begrenzt sich die Aufgabe auf die Fragestellung, was Menschen an Jesus begeistert. Die SuS können aufgrund der Texte Kriterien für die Begeisterung der Menschen an Jesus und seiner Botschaft formulieren. Das Anforderungsniveau ★★ differenziert die Aufgabenstellung in Umfang und Durchdringungstiefe. Die SuS setzen sich neben den begeisterten Stimmen auch mit den kritischen Stimmen auseinander. In einem Rollenspiel und mit Hilfe von (**M 5**) werden die Ergebnisse gebündelt.
Im Anschluss folgt nochmals eine persönliche Auseinandersetzung. Dabei geht es darum, die eigene Haltung zu überdenken und eine eigene Meinung zu formulieren.

Kompetenz

3.1.5 Die SuS stellen Leben und Wirken Jesu auf dem Hintergrund der jüdisch-christlichen Tradition dar. Sie erläutern die Bedeutung Jesu für Christen und Christinnen.
3.1.3 (G) Die SuS können die mögliche Bedeutung biblischer Texte für die Gegenwart darstellen.
3.1.3 (M) Die SuS können die mögliche Bedeutung biblischer Texte für die Gegenwart erläutern.
3.1.3 (E) Die SuS können die mögliche Bedeutung biblischer Texte für die Gegenwart untersuchen.

Materialien

M 1: Fanbild
M 2: Bild von Jesus
M 3a: Erzählung: Jesus zieht in Jerusalem ein (Mt 21,1–11) / **M 3b:** Sprechblase
M 4: Gruppenpuzzle (**M 4a:** Die Heilung einer verkrümmten Frau am Sabbat / **M 4b:** Zachäus / **M 4c:** Die Segnung der Kinder / **M 4d:** Die Heilung des blinden Bartimäus
M 5/M6: Sprechblasen „Ich bin von Jesus begeistert …“ / „Ich bin von Jesus nicht begeistert …“

Einstieg Plenum	Fanbild **M 1** an die Tafel ⇒ Stummer Impuls Stars aus Musik, Sport, Politik … werden an die Tafel geheftet. ⇒ Beschreibt das Besondere/Faszinierende dieser Personen. Die Stars werden abgenommen. Jesus-Darstellung **M 2** wird an die Tafel geheftet. *Methode: Positionslinie oder Pro-Contra-Stuhl* Jesus, ein Star! Jesus, kein Star! ⇒ Positioniert euch und begründet eure Meinung.	**M 1** Fanbild Bilder von Stars **M 2** Bild Jesus
Erzählung Erarbeitung	Matthäus 21,1–11 mit Bildern **M 3** ⇒ Jesus, ein Star? Die Bilder können euch bei der Antwort helfen. ⇒ Findet heraus, was die Menschen an Jesus begeistert hat bzw. nicht begeistert hat.	**M 3a–b** Erzählung / Esel, Zweig / Sprechblase
☺	*Differenzierung* Lies den Text und wähle eine Person oder Gruppe aus, mit der du dich beschäftigen möchtest **M 4a–d.**	
☺☺☺☺ ☆ ☆☆	*Methode: Gruppenpuzzle* ⇒ Gehe mit den SuS zusammen, die denselben Text haben. ⇒ Vergleicht eure Lösungen. ⇒ Einigt euch auf ein gemeinsames Ergebnis. ⇒ Schreibt euer Ergebnis in die passende Sprechblase **M 6.** ⇒ Präsentiert das Ergebnis.	**M 4a–d** Gruppenpuzzle (Texte, Aufgaben, Präsentation in der Gruppe)
Präsentation ☆ ☆☆	*Methode: Rollenspiel* Straßenszene Jerusalem. Eine Gruppe jubelt Jesus begeistert zu. Eine weitere Gruppe steht abseits und ist nicht begeistert. Ein Reporter interviewt die Menschen. Die SuS präsentieren ihre Arbeitsergebnisse.	
Ergebnis- sicherung	Die SuS notieren die Ergebnisse aus dem Rollenspiel auf das Arbeitsblatt **M 5.** ⇒ Vergleicht die Personen(gruppen)? Was fällt auf? ⇒ Eventuell: Line up nochmals durchführen. Hat sich meine Meinung geändert? ⇒ Ich denke über Jesus …	Eventuell Requisiten: Stock, Geldbeutel, Tücher … **M 5** AB

M 1

M 2

Rembrandt van Rijn, Ein Christus nach dem Leben, 1648, Öl auf Eichenholz (Gemäldegalerie Berlin)

M 3a

Jesus zieht in Jerusalem ein

Jesus war mit seinen Jüngern auf dem Weg nach Jerusalem. Sie waren nicht allein unterwegs. Zu dieser Zeit im Frühling machten sich viele fromme Juden auf den Weg, um in Jerusalem das Passahfest zu feiern. Das Passahfest ist für Juden ebenso wichtig und bedeutend wie für uns das Oster- oder Weihnachtsfest. Das Passahfest wird mehrere Tage gefeiert. Die Geschichte von Mose und dem Auszug aus Ägypten wird erzählt. Und alle Juden, die es möglich machen konnten, zogen nach Jerusalem. Auch Jesus zog mit seinen 12 Freunden nach Jerusalem, um zu feiern.
Kurz bevor sie in Jerusalem ankamen, blieb Jesus plötzlich stehen und sagte zu zwei Jüngern: „Geht voraus in das Dorf, das vor euch liegt. Dort findet ihr eine Eselin und ihr Junges. Bindet sie los und bringt sie mir." „Und wenn uns jemand fragt, was wir da machen?", fragten die Jünger verwundert. „Dann sagt, der Herr braucht sie! Er wird euch die Eselin geben." Die Jünger machten sich auf den Weg in das nächste Dorf. Die anderen Jünger warteten. Was hatte das zu bedeuten?

An dieser Stelle können SuS ihre Überlegungen mit einbringen.

War Jesus plötzlich müde geworden? War er zu erschöpft, um zu laufen? Die Jünger begannen zu diskutieren.

Nach einiger Zeit kamen die beiden mit dem Esel zurück. Die Jünger legten ihre Mäntel auf den Rücken des Esels und Jesus setzte sich darauf. Langsam ritt er durchs Stadttor von Jerusalem. Es war nichts Besonderes, wenn jemand nach Jerusalem ritt und dennoch gesellten sich immer mehr Menschen dazu. Sie begleiteten Jesus. Plötzlich fing einer an, seinen Mantel auszuziehen und ihn vor Jesus auf den Weg zu legen. Andere machten es nach und so entstand ein Teppich aus Kleidern. Andere brachen Zweige von den Palmbäumen ab und winkten Jesus zu. Immer mehr Menschen kamen. Plötzlich hörte man einzelne Stimmen, die riefen: „Hosianna, dem Sohn Davids! Gelobt sei, der da kommt." Der Ruf wurde immer lauter: „Hosianna, dem Sohn Davids! Gelobt sei, der da kommt." Die Jünger gingen wie berauscht nebenher. Endlich war es soweit, die Menschen erkannten, wer Jesus wirklich war.

(nach Matthäus 21,1–11)

Hosianna!
Gelobt sei, der da kommt!

M 4

Gruppenpuzzle

Arbeitsanweisung:

☺

🕮 Lies den Text.
Wähle eine Person oder Gruppe aus, mit der du dich beschäftigen möchtest.

☺☺☺☺

❍ Gehe mit den Schülerinnen und Schülern zusammen, die dieselbe Aufgabe ausgewählt haben.

- ✓ Vergleicht eure Lösungen.
- ✓ Einigt euch auf ein gemeinsames Ergebnis und schreibt es in die passende Sprechblase (M 6).
- ✓ Überlegt euch, wer das Ergebnis präsentiert.

☺

✎ Übertragt die Ergebnisse der Tafel auf euer Arbeitsblatt. (M 5)

M 4a Die Heilung einer verkrümmten Frau am Sabbat

Es war Sabbat. Für alle frommen Juden ein sehr wichtiger Tag. Es ist der Ruhetag. An diesem Tag soll niemand arbeiten. Es ist Zeit für die Gemeinschaft mit Gott und der Familie. Viele Juden gehen in die Synagoge (Gotteshaus), um zu beten. Auch Jesus besuchte die Synagoge. Da bemerkte er eine Frau. Ihr Rücken war so krumm, dass sie immer nur auf den Boden starren konnte. Gebeugt saß sie auf ihrer Bank.
Jesus ging zu ihr, sah sie an und sagte: "Du sollst wieder aufrecht gehen können." Da richtete sich die Frau auf und konnte stehen. Ein Wunder war geschehen, am Sabbat.
Darüber konnten sich nicht alle in der Synagoge freuen. Einige fromme Leute wurden ärgerlich. Der Sabbat war ein Ruhetag. Wie konnte Jesus an diesem Tag ein Wunder tun? „Ihr Heuchler", erwiderte Jesus. „Ihr kümmert euch doch am Sabbat auch um eure Tiere und mir wollt ihr verbieten, dieser Frau am Sabbat zu helfen?"
Die Frau dankte Gott, dass sie nun gesund war. Sie war froh: Jesus hat sich nicht vom Arbeitsverbot am Sabbat abhalten lassen, den Menschen zu helfen.

(nach Lukas 13,10–17)

Aufgaben:

📖 Lies den Text genau durch.

☆ ❍ Versetze dich in die Situation der gekrümmten Frau:
Gehe ein paar Schritte gebeugt. Gehe aufrecht zurück an deinen Platz.
Welcher Smiley passt zu deinen Gefühlen? Male ihn aus.

Beschreibe dein Erleben in 4 Sätzen.

✎ Vervollständige eine Sprechblase (M 5) aus der Sicht der gekrümmten Frau.

☆☆ 📖 Lies den Text genau durch.

❍ Versetze dich in die Situation der frommen Leute. Sie ärgerten sich über Jesus.
Hast du dich auch schon mal über jemanden richtig geärgert? Notiere drei Sätze.

✎ Kannst du den Ärger der Leute über Jesus verstehen, wenn du das dritte Gebot liest:
„Aber am siebenten Tage ist der Sabbat des HERRN, deines Gottes. Da sollst du keine Arbeit tun, auch nicht dein Sohn, deine Tochter, dein Knecht, deine Magd, dein Vieh, auch nicht dein Fremdling, der in deiner Stadt lebt. Denn in sechs Tagen hat der HERR Himmel und Erde gemacht und das Meer und alles, was darinnen ist, und ruhte am siebenten Tage."
Vervollständige eine Sprechblase aus der Sicht dieser frommen Leute (M 5).

M 4b

Zachäus

Zachäus lebte in Jericho. Er war ein römischer Zolleinnehmer. Dieser Beruf machte ihn reich, aber nicht beliebt. Bei den Juden waren die Zöllner verhasst. Sie arbeiteten für die Feinde (Römer) und waren Betrüger. Mit Zöllnern wollte man nichts zu tun haben.
Zachäus hatte sich damit abgefunden, von vielen abgelehnt zu werden. Doch eines Tages hörte er, dass Jesus nach Jericho kam. Zachäus wollte Jesus unbedingt sehen. Weil er sehr klein war, blieb ihm nichts anderes übrig, als auf einen Baum zu klettern und zu warten bis Jesus vorbei kam. Nach einiger Zeit kam Jesus und mit ihm eine große Menschenmenge. Direkt unter seinem Baum blieben sie stehen. Jesus rief zu ihm hinauf: „Zachäus, komm schnell herunter. Ich möchte heute in deinem Haus zu Abend essen." Zachäus konnte es kaum fassen. Wusste Jesus, bei wem er sich da eingeladen hat? Schnell kletterte er herunter und bereitete ein Essen vor. Gemeinsam mit Jesus feierte er in seinem Haus. Jesus war anders. Das verstanden nicht alle. Einige sehr gläubige Menschen, die sich ganz genau an die Gebote hielten und versuchten, alles richtig zu machen, dachten: „Warum geht er zu ihm, warum nicht zu uns?".

(nach Lukas 19,1–10)

Aufgaben:

- 🕮 Lies den Text genau durch.
- ★ ❍ Versetze dich in die Situation von **Zachäus**. Hast du dich schon mal ausgegrenzt gefühlt? Bist du von anderen nicht eingeladen worden? Notiere deine Erlebnisse in drei Sätzen.
- ✎ Vervollständige eine Sprechblase auf deinem Arbeitsblatt (M 5) aus der Sicht von Zachäus.

- 🕮 Lies den Text genau durch.
- ★★ ❍ Versetze dich in die Situation der **frommen Leute**. Sie fühlten sich benachteiligt. Versuche im Text drei Gründe dafür zu finden.
- ✎ Vervollständige eine Sprechblase aus der Sicht dieser frommen Menschen (M 5).

M 4c Die Segnung der Kinder

Jesus war mit seinen Jüngern auf dem Weg nach Jerusalem. Sie waren gerade in ein sehr spannendes und interessantes Gespräch vertieft, als einige Eltern ihre Kinder zu Jesus brachten. „Segne unsere Kinder!“, baten sie Jesus. Die Kinder sprangen zu Jesus. Aber die Jünger ließen die Kinder nicht vorbei. Gereizt sagten sie: „Jesus hat jetzt keine Zeit für euch. Geht nach Hause.“
Da wurde Jesus wütend: „Lasst die Kinder zu mir kommen! Gerade für sie hält Gott das Himmelreich bereit. Wenn ihr nicht Gott vertraut, wie es die Kinder tun, könnt ihr nie ins Himmelreich kommen.“
Da schob er die Jünger beiseite, umarmte die Kinder und legte ihnen segnend die Hände auf den Kopf. Er nahm sich viel Zeit für sie, ehe er mit seinen Jüngern weiterzog.

(nach Markus 10,13–16)

Aufgaben:

★ 🕮 Lies den Text genau durch.
- ❍ Versetze dich in die Situation der **Kinder**. Gibt es Menschen, die (immer) Zeit für dich haben? Notiere drei.
- ✎ Vervollständige eine Sprechblase auf deinem Arbeitsblatt aus der Sicht der Kinder (M 5).

★★ 🕮 Lies den Text genau durch.
- ❍ Versetze dich in die Situation der **Jünger**. Was ärgerte sie an Jesus? Finde drei Gründe im Text und schreibe sie heraus.
- ✎ Vervollständige eine Sprechblase auf deinem Arbeitsblatt aus der Sicht der Jünger (M 5).

M 4d

Die Heilung des blinden Bartimäus

Jesus war in Jericho unterwegs. Gerade als er Jericho verlassen wollte, hörte er jemanden verzweifelt schreien: „Jesus hab Mitleid mit mir!".
Am Straßenrand saß ein Bettler, er war blind. Einige Leute kannten ihn. Es war Bartimäus, der tagtäglich am Straßenrand saß und bettelte. „Sei still, Bartimäus!", fuhren sie ihn an.
Doch Jesus ließ sich von Bartimäus aufhalten. „Der Mann soll zu mir kommen." Da wurde Bartimäus zu Jesus gebracht. Jesus schaute den Blinden an und fragte: „Was willst du? Was soll ich für dich tun?" Schnell antwortete Bartimäus: „Lehrer, ich möchte sehen können." Da sagte Jesus zu ihm: „Du hast großes Vertrauen, dein Glaube hat dir geholfen." Und das Wunder geschah, der Blinde konnte wieder sehen.

(nach Markus 10,46–52)

Aufgaben:

- ☆ 🕮 Lies den Text genau durch.
- ❍ Versetze dich in die Situation des **Blinden**. Schließe die Augen und versuche folgende Gegenstände im Mäppchen zu finden:
  Radiergummi, Füller, Schere, einen roten Stift
  Notiere drei Erfahrungen.
- ✎ Vervollständige eine Sprechblase auf deinem Arbeitsblatt aus der Sicht des Blinden (M 5).

M 5

Wir sind von Jesus begeistert! / Wir sind von Jesus <u>nicht</u> begeistert!

M 6

Ich bin von Jesus begeistert … / Ich bin von Jesus nicht begeistert …

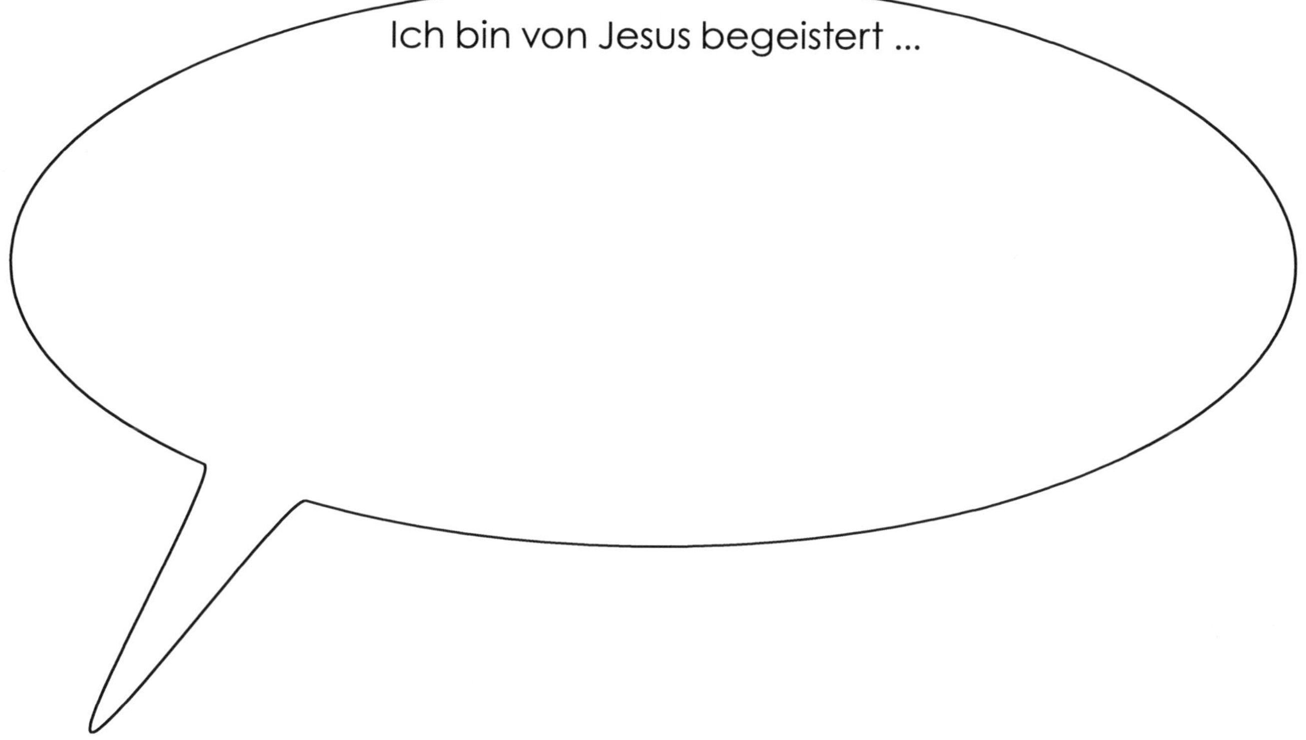

Baustein 4: Die Abendmahls-Gemeinschaft

Jesus und seine Jünger – eine ziemlich bunte Truppe

Eine der bekanntesten Darstellungen der christlichen Kunst ist die Abendmahlsszene von Leonardo da Vinci. In den Jahren 1494 bis 1497 im Auftrag des Mailänder Herzogs Ludovico Sforza geschaffen, schmückt es den Speisesaal des Dominikanerklosters Santa Maria delle Grazie in Mailand. Eindrücklich wird hier Jesus in der Gemeinschaft mit seinen Jüngern dargestellt. Eines von wenigen Kunstwerken, das Jesus mit allen 12 Aposteln zeigt. Gerade für das Verständnis und die Entstehung des Abendmahls ist der Aspekt der Gemeinschaft zentral. Theologisch erinnert das Abendmahl an die Mahlgemeinschaften Jesu mit Zöllnern und Sündern. Auch nachösterlich spielen die Mahlgemeinschaften Jesu mit seinen Jüngern, sowie die Verheißung des eschatologischen Freundenmahls eine zentrale Rolle. Jesu Bereitschaft, mit jedem Menschen am Tisch zu sitzen, sind sichtbare Zeichen der Liebe Gottes und des Angenommenseins durch den Glauben. Hier stellt sich die Frage: „Wer saß beim ersten Abendmahl mit Jesus am Tisch?“ Welche Personen und Charaktere verbergen sich hinter dem Begriff „Jünger“? Einzelne Namen wie Judas und Petrus sind den SuS häufig bekannt und können in Verbindung mit biblischen Erzählungen gebracht werden. Da die Bibel nur wenig Einzelheiten über die Jünger verrät, bleibt das Wissen über die Jüngerschaft, trotz Kenntnis der neutestamentlichen Erzählungen, nicht nur bei SuS sehr bruchstückhaft und verklärt. Die SuS verbinden mit den Jüngern meist eine exklusive, harmonische Gruppe, die wenig mit erlebten Gemeinschaften (Klassengemeinschaft, Familie …) zu tun hat.
Die Erschließung des Begriffs „Jünger“ auf dem Hintergrund der biblischen Aussagen, bietet den SuS Möglichkeiten der Identifikation. Das Geschehen des Abendmahls wird so nicht nur als historisches Ereignis erfahren, sondern gibt den SuS die Möglichkeit, sich selbst als Teil dieser Abendmahls-Gemeinschaft zu erleben.

Baustein 4 knüpft an die Erzählung vom Einzug in Jerusalem an und beginnt mit der Wiederholung des Passahfestes und damit der geschichtlichen und zeitlichen Einordnung des Abendmahls. Die geschichtlichen Wurzeln des Abendmahls finden sich in der jüdischen Befreiungstradition des Alten Bundes, das im Passahfest jährlich gefeiert wird. Ob das Abendmahl eine Feier des Passahmahls war, ist theologisch nicht einheitlich beantwortet. Fest steht, dass das Abendmahl zur Zeit des Passahfestes gefeiert wurde und von daher ein Zusammenhang sehr nahe liegt.

Anhand einer Einkaufsliste wiederholen die SuS die einzelnen Speisen und ihre Bedeutung im Bezug auf den Exodus (**M 1a–c**). Aus der Perspektive des Jüngers Andreas, der Vorbereitungen für das Passahfest trifft, werden die Jünger vorgestellt (**M 2**). Die Pappteller werden dabei auf dem Tisch verteilt. Diese dienen als Unterstützung und Verstärkung der Erzählung. Ein Gespräch im Plenum schließt sich an. Anhand der Erzählung und der Pappteller können sich die SuS mit einzelnen Jüngern identifizieren und als Teil der Abendmahlsgemeinschaft entdecken. Die Gemeinschaft der Jünger kann in Verbindung mit erlebten Gemeinschaften (Klassengemeinschaft) gebracht werden. Aufgrund von eigenen Erfahrungen können SuS über Stärken und Schwierigkeiten dieser Gemeinschaft nachdenken. Die Weiterarbeit (**M 3**) ist nach zwei Niveaus differenziert:
Niveau ☆: Die SuS setzen sich vertieft mit den Charaktereigenschaften der Jünger auseinander und gestalten eigene Emojis. Die SuS versuchen, die Abendmahlsszene im Ganzen oder auch als Ausschnitt in einem Standbild darzustellen und zu fotografieren. Die Fotos können als Einstieg in die nächste Stunde verwendet werden. Die SuS erraten, welche Jünger dargestellt sind.
Niveau ☆ ☆: Die SuS setzen sich mit den Charaktereigenschaften der Jünger auseinander und formulieren aufgrund von eigenen Erfahrungen Annahmen über die Qualität und Schwierigkeiten dieser Gemeinschaft. Die SuS untersuchen die Abendmahlsdarstellung von Leonardo da Vinci (**M 5**) mit Hilfe der Methode: Bilddetektive. Abschließend kann die Religionsgruppe als Abendmahlsgemeinde dargestellt werden (**M 4**).

Beispiel, wie die bemalten Pappteller aussehen könnten, die die Charaktere der Jünger verdeutlichen sollen:
(digital auch unter www.calwer.com beim Titel / Zusatzmaterialien)

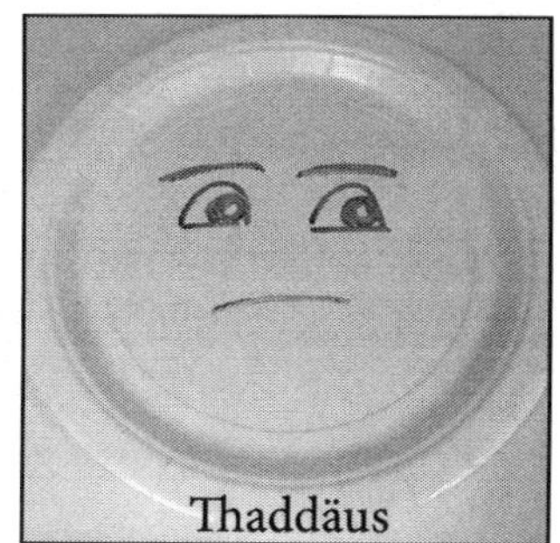

Zeichnungen: Susanne Helmschmidt

Kompetenz
3.1.5 (G) Die SuS können Jesu Verbindung und Umgang mit der jüdischen Tradition an einzelnen Geschichten wiedergeben.
3.1.5 (M) Die SuS können das Wirken Jesu auf dem Hintergrund seiner Zeit und Umwelt darstellen.
3.1.5 (E) Die SuS können das Wirken Jesu auf dem Hintergrund seiner Zeit und Umwelt erläutern.

Materialien
M 1: Das Passahfest (**M 1a:** Einkaufsliste der Jünger / **M 1b:** Helferkarte / **M 1c:** Textkarten für den Tisch)
M 2: Erzählung aus der Perspektive eines Jüngers (Pappteller bemalen)
M 3: Arbeitsblatt: Die zwölf Freunde Jesu – eine ganz schön bunte Truppe
M 4: Arbeitsblatt: Aus dem Passahmahl entstand das Abendmahl
M 5: Das Abendmahlsbild von Leonardo da Vinci

Einstieg	Die SuS sitzen um einen Tisch bzw. zwei Tische.	
Wiederholung	*Lehrerimpuls:* *Jesus zog mit seinen Jüngern nach Jerusalem, um das Passahfest zu feiern. Er schickte die Jünger voraus, um alles vorzubereiten.* *Von den Jüngern musste einiges besorgt werden, um das Passahfest richtig feiern zu können.*	
Differenzierung ☺☺★★ ★	⇒ Schreibt in PA eine Einkaufsliste **M 1a**. Unterstützendes Material bietet **M 1b**.	**M 1a** Einkaufsliste **M 1b** Helferkarte
☺☺☺☺	Gemeinsam wird der Tisch für das Passahfest gedeckt **M 1c**.	**M 1c** Tischkärtchen
	Lehrerimpuls: *Das Essen war vorbereitet. Jetzt fehlten nur noch die anderen Jünger. Passah feiert man in der Gemeinschaft.*	
Erzählung	Erzählung aus der Perspektive des Jüngers Andreas, der den Tisch deckt. Während der Erzählung werden die Pappteller ausgeteilt **M 2**.	**M 2** Gesichter auf Pappteller
Gespräch	*Impulse für ein Unterrichtsgespräch:* ⇒ Gibt es einen Jünger, der euch ähnlich ist? ⇒ Setzt euch an seinen Platz und begründet eure Wahl. ⇒ Welche Jünger waren vielleicht befreundet oder Geschwister? ⇒ Diese Truppe war mit Jesus drei Jahre lang unterwegs. Was war evtl. schwierig?	
Differenzierung ☺	Die SuS bearbeiten **M 3** und **M 5**.	**M 3** Arbeitsblatt Papier, Kamera
Möglichkeiten zur Weiterarbeit ★ ★★	Die SuS erhalten **M 4**. ⇒ Stellt euch vor, ihr würdet mit Jesus Passah feiern. ⇒ Welche Charaktere sitzen am Tisch? ⇒ Stellt einige eurer Klassenkameraden mit Hilfe der Emojis dar.	**M 4** Arbeitsblatt
☺☺	*Auch unsere Religionsklasse ist eine bunte Truppe mit schönen und schwierigen Seiten. Mit der nächsten Übung wollen wir auf die positiven Seiten schauen.* ⇒ Schreibt auf ein leeres Blatt euren Namen. Gebt das Blatt weiter. Schreibt eine positive Eigenschaft der Person auf das Blatt und knickt es um. Wenn die Seite wieder bei euch ankommt, dürft ihr nachschauen.	Leere Blätter

M 1a

Einkaufsliste der Jünger für das Passahfest

Darf nicht vergessen werden:

Einkaufsliste

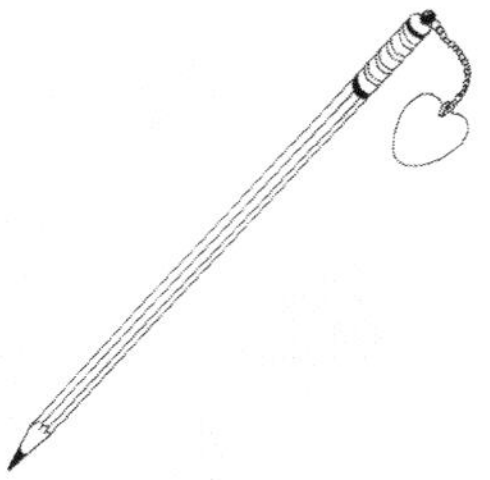

Kreuz-Kümmel

M 1b

Das Passahfest (Helferkarte)

Am Passahfest erinnern sich die Juden an die Geschichte von Mose und den Auszug aus Ägypten. Das Passafest dauert 8 Tage. Am ersten Abend gibt es ein besonderes Abendessen. Alle Speisen erinnern an einzelne Szenen aus der Mose-Geschichte.

Mazzen (ungesäuertes Brot)
... erinnert an den schnellen Aufbruch in der Nacht. Endlich ließ der Pharao sie ziehen.

Fruchtmus (Äpfel, Rosinen, Zimt)
... erinnert an die Lehmziegelherstellung und ihre harte Arbeit als Sklaven.

Salzwasser
... erinnert an die vielen vergossenen Tränen und das Leid in Ägypten.

Bittere Kräuter (Meerrettich, Lauch)
... erinnern an die bittere Sklavenzeit in Ägypten.

Lammkeule
... erinnert an das geschlachtete Lamm in der Passah-Nacht.

Hart gekochtes Ei
... erinnert den Beginn des neuen Lebens in Freiheit, das in dieser Nacht begann.

Wein
... erinnert an das Blut am Türbalken, das ihr Leben gerettet hat.

Grüne Kräuter (Petersilie, Sellerie oder gekochtes Gemüse)
... erinnern an die Früchte der Erde und an die karge Sklavenmahlzeit in Ägypten.

M 1c

Textkarten für den Tisch

Mazzen
(ungesäuertes Brot)

... erinnert an den schnellen Aufbruch in der Nacht. Endlich ließ der Pharao sie ziehen.

Mazzen
(ungesäuertes Brot)

... erinnert an den schnellen Aufbruch in der Nacht. Endlich ließ der Pharao sie ziehen.

Lammkeule

...erinnert an das geschlachtete Lamm in der Passah-Nacht.

Lammkeule

...erinnert an das geschlachtete Lamm in der Passah-Nacht.

Fruchtmus
(Äpfel, Rosinen, Zimt)

... erinnert an die Lehmziegelherstellung und ihre harte Arbeit als Sklaven.

Fruchtmus
(Äpfel, Rosinen, Zimt)

... erinnert an die Lehmziegelherstellung und ihre harte Arbeit als Sklaven.

Hart gekochtes Ei

... erinnert an den Beginn des neuen Lebens in Freiheit, das in dieser Nacht begann.

Hart gekochtes Ei

... erinnert an den Beginn des neuen Lebens in Freiheit, das in dieser Nacht begann.

Salzwasser

... erinnert an die vielen vergossenen Tränen und das Leid in Ägypten.

Salzwasser

... erinnert an die vielen vergossenen Tränen und das Leid in Ägypten.

Wein

... erinnert an das Blut am Türbalken, das ihr Leben gerettet hat.

Wein

... erinnert an das Blut am Türbalken, das ihr Leben gerettet hat.

Bittere Kräuter
(Meerrettich, Lauch)

... erinnern an die bittere Sklavenzeit in Ägypten.

Bittere Kräuter
(Meerrettich, Lauch)

... erinnern an die bittere Sklavenzeit in Ägypten.

Grüne Kräuter
(Petersilie, Sellerie oder gekochtes Gemüse)

... erinnern an die Früchte der Erde und an die karge Sklavenmahlzeit in Ägypten.

Grüne Kräuter
(Petersilie, Sellerie oder gekochtes Gemüse)

... erinnern an die Früchte der Erde und an die karge Sklavenmahlzeit in Ägypten.

M 2 Erzählung aus der Perspektive eines Jüngers

Während der Erzählung werden die Pappteller mit Gesichtern verteilt.

Es ist mal wieder Passahzeit. Wir Jünger machten uns auf den Weg nach Jerusalem. Jesus hatte uns Jünger vorausgeschickt, um nach einem geeigneten Raum zu suchen, wo wir das Passahfest feiern konnten. Die anderen Jünger besorgten das Essen und Wein.
Ich, **Andreas**, bin als Ältester mit Tischdecken dran. Beim Decken wurde mir mal wieder klar, was für eine bunte Truppe sich hier versammelt. 12 ganz unterschiedliche Typen.

Da waren die Geschwister **Johannes** und **Jakobus**: Jesus nennt sie *Donnersöhne*. Nicht umsonst. Ziemlich aufbrausend, aber auch immer engagiert und mit dabei, wenn es etwas zu tun gibt. Es war auch nicht zu übersehen, dass Jesus Johannes besonders gern hatte.

Dann mein Bruder **Simon**. Jesus nannte ihn später **Petrus**. Er ist unser Sprecher. Denn er hat eine ziemlich große Klappe und hält sich manchmal für den Größten. Er meint, er kann alles. Er wagte es sogar, wie Jesus auf dem Wasser zu laufen. Das ging dann aber auch fast schief.

Matthäus hat lange Zeit für die Römer gearbeitet. Manche Menschen verachten ihn deshalb. Das merkt man ihm an. Manchmal ist er ziemlich *empfindlich und schnell eingeschnappt.*

Thomas ist unser *Zweifler.* „Kann ich das? Stimmt das?" – Immer ist er am Grübeln und hält damit auch unseren Laden ganz schön auf.

Unserer *Finanzminister* **Judas** ist auch so ein Fall. Er verwaltet unser Geld. Das macht er ganz gut. Er passt genau auf, dass das Geld nicht einfach so verplempert wird. Andere finden ihn ziemlich geldgierig und sagen, er würde sogar seinen Freund für Geld verkaufen.

Man sollte sich gut überlegen, ob man sich mit **Simon** anlegt. Unser „Muckiman". Bevor er zu uns kam, gehörte er zur Gruppe der Zeloten. Die Zeloten *kämpften* mit allen Mitteln gegen die Römer. Sie schreckten auch vor Mord nicht zurück.

Dann unser Kleinster. **Jakobus**. *Klein*, aber oho. Er unterhält unsere Gruppe bestens. Er hat immer einen Spruch auf Lager.

Voll korrekt ist **Bartholomäus**, das hat Jesus schon von Weitem erkannt. Er macht die Sachen ganz genau und geht den Dingen auf den Grund.

„Das verstehe ich nicht. Kannst du das nochmal erklären?" **Philippus** ist nicht gerade unser Schnellblicker. Manchmal muss man ihm die Dinge *zweimal erklären*. Doch wenn er etwas verstanden hat, dann erzählt er es begeistert weiter. Es ist sein Verdienst, dass Bartholomäus zu unserer Gruppe gehört. Er hat ihm von Jesus erzählt.

Und dann noch unser *Stiller.* **Thaddäus**. Er sagt nicht viel. Und keiner kennt ihn so richtig. Er lässt nicht viel über sich heraus.

Und ich, **Andreas**, bin am *längsten dabei*. Im Gegensatz zu meinem Bruder Petrus bringt mich nichts so schnell aus der *Ruhe*.

Nicht gerade die einfachste Gruppe, mit der Jesus hier unterwegs ist.

M 3

Die zwölf Freunde Jesu – eine ganz schön bunte Truppe

Johannes ist von Beruf Fischer. Er war einer der ersten Jünger Jesu. Vielleicht ist er deshalb auch sein „Lieblingsjünger". Von Jesus hat er auch den Spitznamen „Donnersohn". Man denkt es nicht, aber er kann auch ganz schön aufbrausend sein.	
Jakobus ist der Bruder von Johannes. Auch er wird von Jesus „Donnersohn genannt"! Die beiden sind ziemlich engagiert und eifrig.	
Matthäus hat lange Zeit für die Römer gearbeitet. Die Menschen verachten ihn deshalb bis heute. Das merkt man ihm an. Manchmal ist er ziemlich empfindlich.	
Simon Petrus hat eine große Klappe. Er ist der Sprecher in unserer Gruppe. Manchmal überschätzt er sich, weil er denkt, er kann alles. Er wagte es sogar, wie Jesus, auf dem Wasser zu laufen. Das ging dann aber auch fast schief.	
Thomas, der Zweifler. „Kann ich das? Stimmt das?" – Immer ist er am Grübeln und hält damit manchmal ganz schön auf.	
Judas ist Finanzminister. Er verwaltet das Geld. Das macht er ganz gut. Er passt genau auf, dass das Geld nicht einfach so verschwendet wird.	
Simon ist ein Kämpfer. Bevor er zu den Jüngern stieß, gehörte er zur Gruppe der Zeloten. Die Zeloten kämpften mit allen Mitteln gegen die Römer. Sie schreckten auch vor Mord nicht zurück.	
Jakobus mit dem Spitznamen „Der Kleine". Klein, aber oho. Er unterhält unsere Gruppe bestens.	
Voll korrekt ist **Bartholomäus**. Das hat Jesus schon von Weitem erkannt. Er macht die Dinge ganz genau und geht den Dingen auf den Grund.	
„Das verstehe ich nicht. Kannst du das nochmal erklären?" **Philippus** braucht manchmal etwas länger. Oft müssen ihm die Dinge zweimal erklärt werden. Es ist sein Verdienst, dass Bartholomäus zu unserer Gruppe gehört. Er hat ihm von Jesus erzählt.	
Thaddäus der Stille. Er sagt nicht viel. Und keiner kennt ihn so richtig. Er lässt nicht viel über sich heraus.	
Andreas ist der Bruder von Petrus. Und eher das Gegenteil von Petrus. Nichts lässt ihn so schnell aus der Ruhe bringen. Er ist am längsten bei der Gruppe dabei.	

⇒ Male die Jünger als Emoji neben den Text. Ihr Charakter soll dabei zu erkennen sein.
⇒ Markiere den Jünger, der dir am ähnlichsten ist? Begründe deine Wahl.
⇒ Versucht, die Abendmahlsszene in einem Standbild nachzustellen. Macht ein Foto davon. Die Mitschüler erraten die Personen.

⇒ Diese Truppe war mit Jesus drei Jahre unterwegs. Was war eventuell schwierig?
⇒ Untersuche mit Hilfe eines „Guck-Rohrs" das Abendmahlsbild von Leonardo da Vinci (**M 5**). Nimm dir dazu ein DinA 6 Blatt und rolle es zu einer Röhre auf. Was kannst du entdecken? Welcher Jünger sitzt an welchem Platz? Schreibe die Namen dazu. Die Lösung findest du bei deiner Lehrerin/deinem Lehrer.

M 4

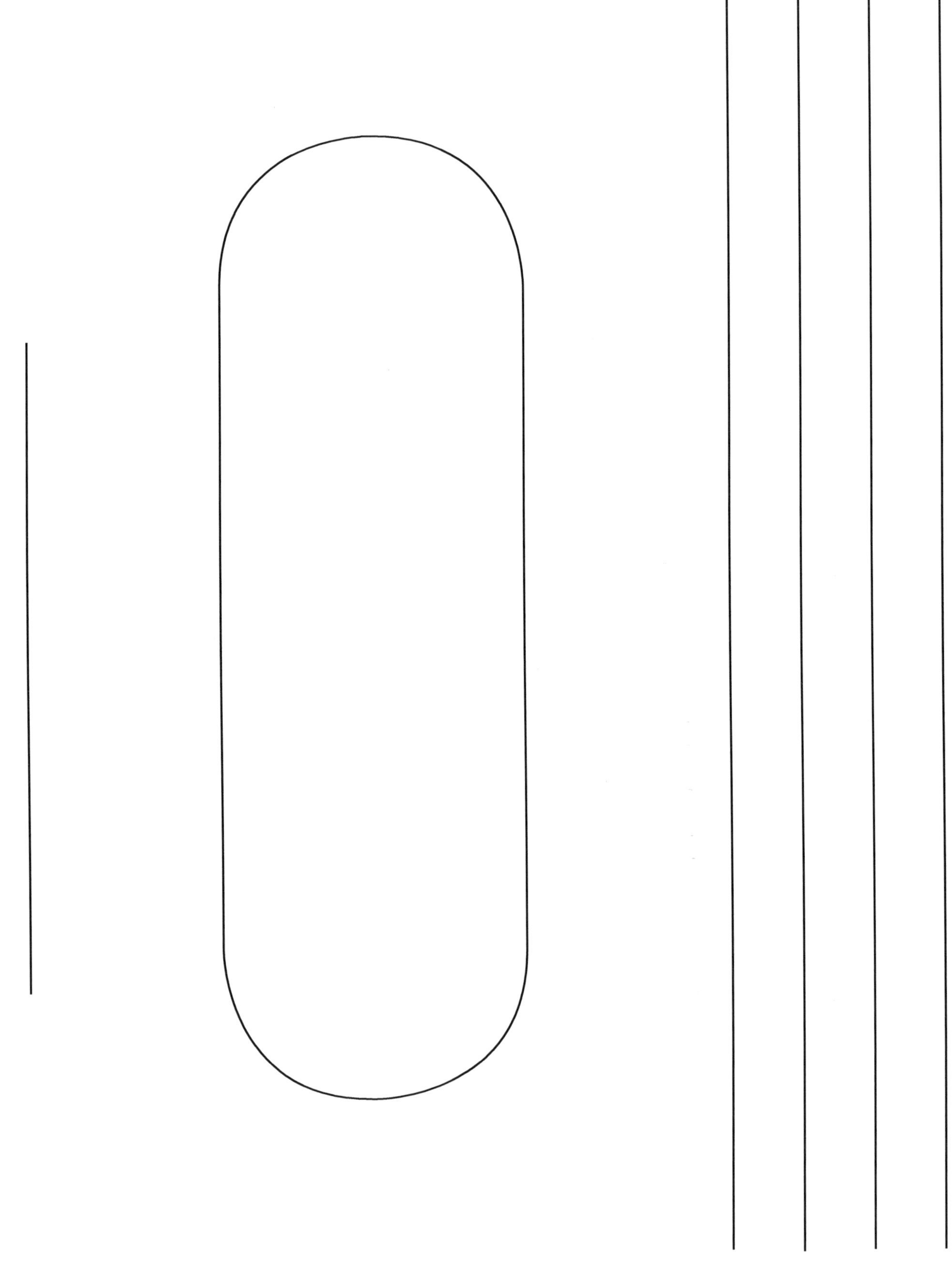

M 5

Das Abendmahlsbild von Leonardo da Vinci

Aufgaben:

- Untersuche mit Hilfe eines „Guck-Rohrs“ das Abendmahlsbild von Leonardo da Vinci. Nimm dir dazu ein DIN A6-Blatt und rolle es zu einer Röhre auf.
- Was kannst du entdecken?
- Welcher Jünger sitzt an welchem Platz? Schreibe die Namen dazu.

Die Lösung findest du bei deiner Lehrerin/deinem Lehrer.

Baustein 5:
Das Abendmahl

Was ist an einem Abendessen mit Jesus so besonders?

In der evangelischen Kirche gehört das Abendmahl neben der Taufe zu den Sakramenten. Im Gegensatz zur Taufe wurde das Abendmahl von Jesus selbst eingesetzt. Mit Brot und Wein feiern die Christen die Erinnerung an Jesu Leben und Sterben, die Vergebung der Sünden, sowie die Verbundenheit in ihrem Glauben an Gott. Im Verlauf der Kirchengeschichte wird das Abendmahl Ausdruck und Bekenntnis zum christlichen Glauben. Während Paulus die Taufe als Zulassungsbedingung zum Abendmahl voraussetzt, wird die Taufe erst im 2. Jh. eindeutig als Voraussetzung zur Teilnahme am Abendmahl festgelegt. Unterschiedliche Abendmahlsverständnisse von katholischer und reformatorischer Theologie verhindern bis heute die Feier eines gemeinsamen Abendmahls. Auch innerhalb der evangelischen Kirche gibt es unterschiedliche Abendmahlsverständnisse. Während Luther stärker die Gegenwart Christi in Brot und Wein betont, ist das Abendmahl bei Zwingli ein Gedächtnismahl zur Erinnerung an die Passion. Im Gegensatz zum katholischen Verständnis findet keine „Wandlung“ statt. Brot und Wein stehen symbolhaft für die Präsenz Christi. Die Eucharistie (Danksagung) in der katholischen Kirche ist Teil jeder Messe. Dabei spielt die Danksagung an Gott, sowie die reale Präsenz Christi durch die Transsubstantiation (Wandlung von Brot und Wein) eine zentrale Rolle. In der evangelischen Kirche ist es seit den 1970er Jahren möglich, dass auch Kinder am Abendmahl teilnehmen können. In manchen Gemeinden wird in Form von Konfi 3 der Abendmahlsunterricht dem Konfirmandenunterricht vorangestellt. Obwohl der Aspekt der Gemeinschaft für die Entstehung und Deutung des Abendmahls zentral ist, wird das Abendmahl aufgrund seiner Auslegung leider als trennendes Element erlebt. Dabei sind Brot und Wein, sowie die Tischgemeinschaft Ausdruck der Verbundenheit. Gerade hier feiern Christen ihre Verbindung zu Gott und ihr Eingebundensein in die christliche Gemeinschaft.
Anknüpfend an Baustein 4 stellt die nachfolgende Lernsequenz den Aspekt der Gemeinschaft für die Entstehung und Deutung des Abendmahls in den Mittelpunkt.
Diese Verbundenheit wird für die SuS methodisch mit einem Wurfspiel als Einstieg veranschaulicht. Die SuS werfen sich gegenseitig einen roten Wollknäuel zu und nennen eine positive Eigenschaft, die sie am „Fänger“ schätzen. Dabei ist es wichtig, dass vor dem Abwerfen mit einer Hand der Faden festgehalten wird, so entsteht vor den Augen der SuS ein Netz. Das Netz dient als Impuls, um mit den SuS über eigene sichtbare und unsichtbare Verbindungen zu sprechen. Dabei können unterschiedliche Gesprächsimpulse (In welche Gemeinschaften bin ich eingebunden? Was verbindet uns? Gibt es Zeichen der Verbundenheit? …) gesetzt werden. Unterstützend oder alternativ können die Bilder (**M 1**) als Einstieg verwendet werden. Eventuell kann im Anschluss daran von den SuS eine Art Soziogramm gestaltet werden. Mit Hilfe eines Fadens stellen sie ihre Verbindungen (Familie, Freunde …) dar.
Mit Papptellern und Speisekärtchen (aus Baustein 4) wird die Abendmahlsgemeinschaft als Bodenbild gelegt. Die SuS können mit Hilfe von Wollfäden die Verbindungen der Jünger visualisieren. Zentrale Impulse sind: Wo sind engere oder weitere Verbindungen? Wer ist mit wem verbunden? Was verbindet die Jünger? Woran ist das erkennbar?
Die SuS hören die Erzählung (**M 2**). Dabei wird die Erzählung unterbrochen und die SuS haben die Möglichkeit, aus der Perspektive eines Jüngers auf die Szene zu reagieren.
Im Anschluss an die Erzählung versuchen die SuS das Gehörte mit Hilfe des Bodenbildes zu visualisieren. Gemeinsam kann nun das Bodenbild verändert werden. Zentrale Impulse sind:

- Welche Speisen sind an diesem Abend bedeutend? Symbolisch können Speisen aus dem Bodenbild entfernt werden.
- Wie verändert sich die Verbindung der Jünger untereinander bzw. ihre Verbindung zu Jesus?
- Woran ist die Verbindung der Jünger zu erkennen?
- Findet eine Überschrift.

Das entstandene Bodenbild kann auf das Arbeitsblatt (**M 4** aus Baustein 4) ergänzend übertragen werden.
Die SuS bearbeiten das Arbeitsblatt (**M 3**).

Kompetenz
Bereich Religionen und Weltanschauungen
3.1.7 (G) Die SuS können religiöse Praxis im Christentum am Beispiel von Festen und Gebräuchen der Osterzeit benennen.
3.1.7 (M) Die SuS können religiöse Praxis im Christentum am Beispiel von Festen und Gebräuchen der Osterzeit erläutern.
3.1.7 (E) Die SuS können sich mit religiöser Praxis im Christentum am Beispiel von Festen und Gebräuchen der Osterzeit auseinandersetzen.

Materialien
M 1: Bilder: Zeichen der Verbundenheit
M 2: Erzählung: Das Abendmahl (Mk 14,12–31)
M 3: Arbeitsblatt zum Abendmahl

Einstieg Gespräch	*Methode: Schnur-Spiel* Wollknäuel zuwerfen und etwas Positives sagen Gesprächsimpulse: ⇒ Was verbindet euch? (Konfession, Glaube, gleiche Schule …) ⇒ In welche Gemeinschaft seid ihr eingebunden? ⇒ Es gibt keinen roten Faden und doch seid ihr mit vielen anderen Menschen verbunden. ⇒ Enge Verbindungen, zwischen Menschen kann man bei genauem Hinsehen erkennen. ⇒ Bilder **M 1**	Rote Wolle Karten **M 1** Bilder
☺☺☺☺	(Alternativ in EA eigene Verbindungen mit Hilfe eines Fadens im Heft gestalten) ⇒ Die Jünger waren ganz unterschiedlich und dennoch waren auch sie verbunden. Die SuS legen gemeinsam ein Bodenbild mit Papptellern und Faden. ⇒ Manche Jünger waren enger/weiter verbunden? ⇒ Was war ihr roter Faden? (Glaube, Religion, Jesus, Nachfolge …) ⇒ Woran konnte man das sehen? *Die Jünger feierten gemeinsam ihren Glauben, z.B. Passahfest, als Zeichen ihrer Verbundenheit.* *Auf den Beginn des Passahfestes warteten sie nun, aber an diesem Abend kam alles anders!*	Pappteller Speisekärtchen (aus Baustein 4)
Erzählung ☺	**Das Abendmahl – Teil 1** Was ging in den Köpfen der Jünger vor? ⇒ Schreibt die Gedanken eines Jüngers auf. ⇒ Setzt euch an den Platz eines Jüngers und lasst ihn laut denken.	**M 2** Erzählung
Erzählung Erarbeitung ☺☺☺☺	**Das Abendmahl – Teil 2** ⇒ Versucht mit Hilfe des Bodenbildes darzustellen, was an diesem Abend passiert.	**M 2** Erzählung (Fortsetzung)
Weiterarbeit	Das Abendmahl wird bis heute in der Regel einmal im Monat gefeiert. Christen zeigen sichtbar, dass sie durch Jesus mit Gott und untereinander verbunden sind.	
★ ★★ ☺	SuS bearbeiten das Arbeitsblatt **M 3.**	**M 3** AB Abendmahl

M 1

Zeichen der Verbundenheit

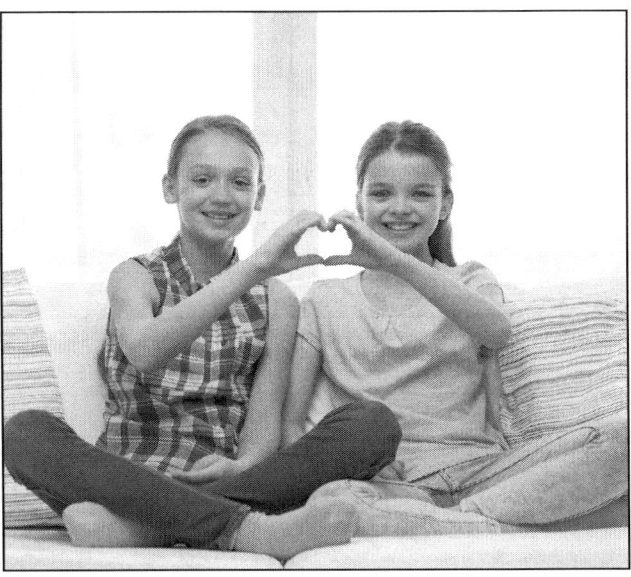

M 2

Das Abendmahl

Diese bunte Truppe saß nun gemeinsam am Tisch. Laut und forsch, zurückhaltend und schüchtern, draufgängerisch und zweifelnd. Trotz aller Unterschiedlichkeit waren sie verbunden. Es war die Gemeinschaft mit Jesus, ihr Glaube an Gott, der sie wie ein unsichtbares Band zusammenhielt. Gerade am Passahfest konnten sie das ganz deutlich spüren und schmecken. Auf Salzwasser und Bitterkräuter, folgen Mazzen, Wein und Ei. Zeichen für den Aufbruch, für ein neues Leben in Freiheit.
Auch sie waren aufgebrochen. Sie waren sicher, auch mit Jesus beginnt bald etwas Neues!

„Dieser Abend ist mein Abschied von euch! Ich werde euch verlassen und in Zukunft nicht mehr bei euch sein. Einer von euch wird mich verraten, und ich werde sterben, und ihr werdet euch in dieser Nacht von mir abwenden!" Völlig unerwartet trifft die Jünger diese Botschaft. Den Jüngern stockte der Atem. In den Köpfen begann es zu arbeiten.

Impuls:
- Suche dir einen Jünger und schreibe seine Gedanken auf.
- Setzt euch an den Platz eines Jüngers und lasst ihn laut denken.

Diese Worte waren für die Jünger ein Schock! Ganz unterschiedlich reagierten die Jünger. Petrus, energisch wie immer: „Auch wenn dich alle verlassen – ich verlasse dich nicht!" Da widersprach ihm Jesus: „Petrus, du wirst noch in dieser Nacht, ehe der Hahn kräht, dreimal sagen, du kennst mich nicht!" Petrus rief entsetzt: „Das kann nicht sein! Ich werde dich nicht verleugnen!" Die anderen blieben still und grübelten: „Wer wird Jesus verraten?" „Bin ich's?" Die Jünger waren in Gedanken versunken. Sie bemerkten kaum, dass Jesus das Brot vom Tisch nahm. Er teilte es und gab jedem ein Stück davon.

„Nehmt das Brot und esst davon. Wenn ihr zusammenkommt, dann teilt das Brot untereinander mit jedem, der an dem Tisch sitzt. Auch ich schließe niemanden aus der Tischgemeinschaft aus. Gottes Liebe und Vergebung gilt jedem. Erinnert euch daran, wenn ihr zusammenkommt."

Dann nahm er den Wein. „Trinkt aus einem Becher. Egal was geschieht, ihr gehört zusammen. Das soll das Zeichen sein, dass ihr auch in Zukunft mit mir und untereinander verbunden seid. Das Rot des Weines ist wie ein rotes Band, das euch verbindet. Mein Sterben soll euch an Gottes Liebe und Gottes Vergebung erinnern, die euch untereinander verbinden. Handelt auch so. Durch diese Zeichen werde ich auch in Zukunft mit euch verbunden sein!"

(nach Markus 14,12–31)

M 3 Das Abendmahl

Jedes Jahr erinnert uns der Gründonnerstag im Kalender an das letzte Abendmahl, das Jesus mit seinen Jüngern gefeiert hat. Schon die ersten Christen feierten das Abendmahl gemeinsam in ihren Häusern. Heute wird in der Regel das Abendmahl im evangelischen Gottesdienst einmal im Monat gefeiert. Die Zeichen des Abendmahls sind Brot, Wein und die Tischgemeinschaft.

Das zweite Zeichen ist der Wein oder Traubensaft. Er wird in der Regel aus einem Kelch (Becher) getrunken. In manchen Kirchen bekommt man kleine Gläser (Kelche), in die aus einem Kelch eingeschenkt wurde. Der Pfarrer spricht folgende Worte:

Nehmet hin und trinket alle daraus. Dieser Kelch ist das neue Testament in meinem Blut, das für euch und für viele vergossen wird zur Vergebung der Sünden. Solches tut, sooft ihr's trinket, zu meinem Gedächtnis.

Im Abendmahl erinnern sich Christen an Jesu Leben und sein Sterben.

Am Ende reichen sich nochmals alle Christen die Hände, als Zeichen der Verbundenheit und Versöhnung. Es kann schon mal schwerfallen, seinem Nachbarn die Hand zu reichen, weil man sich gerade gestritten hat. Doch das Abendmahl erinnert daran, auf den Nächsten zuzugehen und sich zu vergeben.

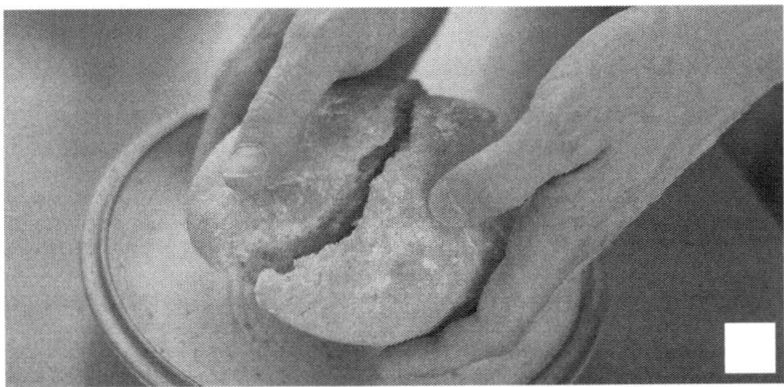

Der Pfarrer spricht die Worte Jesu:

Nehmet hin und esset. Dies ist mein Leib, der für euch gegeben wird. Solches tut zu meinem Gedächtnis.

Das Brot wird geteilt. Christen sind Menschen, die teilen. Jeder bekommt ein Stück Brot oder Hostie. Niemand wird ausgeschlossen. Jeder ist von Gott angenommen. Gottes Liebe und Vergebung gilt für alle. So hat es Jesus vorgelebt. Jesus sagt: Macht es wie ich!

Die Christen stehen in einem Halbkreis um den Altar. Niemand sucht sich seinen Nachbarn aus. Jeder ist von Gott zum Abendmahl eingeladen.

Aufgaben:

1. Lies die Texte und schau dir die Bilder genau an.
2. ★ Suche zu den Texten die passenden Bilder.
3. Bringe die Texte in die richtige Reihenfolge. Trage die Nummern in die Kästchen.
4.  Welcher Teil des Abendmahls ist dir besonders wichtig? Markiere es und begründe.
5. Gestalte eine Einladungskarte zur Abendmahlsfeier der Kirchengemeinde. Wer ist eingeladen? Warum wird gefeiert? Welche Symbole sind wichtig?

Baustein 6:
Das Abendmahl und die Fußwaschung

Warum ist ein Abendessen mit Jesus so wichtig?

Joh 13,1–17 erzählt die Fußwaschung Jesu. Die Fußwaschung gehört im Orient zur Gastfreundschaft. Aufgrund der klimatischen Bedingungen und der Tatsache, dass man in damaliger Zeit beim Essen zu Tische lag, wurde die Fußwaschung aus hygienischen Gründen zu einem feststehenden Brauch. Die Fußwaschung wurde in der Regel von im Rang niedrig stehenden Menschen, Sklaven, Witwen ... vollzogen. Darin begründet sich auch der Einspruch des Jüngers Petrus: „Du sollst mir nicht die Füße waschen (...) nicht die Füße allein, sondern auch Hände und Haupt." Jesus als Diener, so verstand Petrus seinen Lehrer nicht.

Die Fußwaschung ist Sondergut des Johannes. Wie die synoptischen Evangelien erzählt auch Johannes von einem gemeinsamen Abendessen am Vorabend des Passahfestes. Damit enden jedoch die Gemeinsamkeiten. Das Brechen des Brotes, das Trinken aus einem Kelch, sowie die Einsetzungsworte fehlen im Johannesevangelium. Stattdessen legt Jesus sein Obergewand ab und wäscht seinen Jüngern die Füße. Dieser Dienst an seinen Jüngern steht zeichenhaft für den Auftrag Jesu zur Nächstenliebe. „Handelt, wie ich es getan habe." (V. 14 und 15) Die Liebe und der Dienst am Nächsten werden so zu zentralen Zeichen bzw. Kennzeichen der Jünger. „An der Liebe untereinander sollen sie erkennbar sein". (Joh 13,34 und 35) Die johannäische Erzählung von der Fußwaschung steht somit nicht im Widerspruch zu den synoptischen Berichten über die Einsetzung des Abendmahls. Jesus setzt an diesem Abend vor seinem Tod Zeichen, bzw. Kennzeichen, an denen die Jünger erkannt werden sollen.

Die Fußwaschung ist im Gegensatz zu Taufe und Abendmahl kein Sakrament. Doch darüber herrschte in der Kirchengeschichte nicht immer Einigkeit. Der Mailänder Bischof Ambrosius sah in der Fußwaschung eine Art Sakrament, das vor allem bei Tauffeiern vollzogen werden sollte. Dennoch gehört auch in der katholischen Kirche die Fußwaschung nicht zu den sieben Sakramenten, sondern zu den Sakramentalien. Der Brauch der Fußwaschung als Gebot Jesu fand dennoch Einzug in Klöstern und Kirchen. Erzbischof Caesarius von Arles (470–542) sah in der Verweigerung, den Fremden am Gründonnerstag die Füße zu waschen, eine schwere Sünde. Die Fußwaschung ist in der katholischen Kirche Teil der Gründonnerstags-Liturgie.

Baustein 6 verbindet die Einsetzung des Abendmahls mit der Fußwaschung und dem Auftrag Jesu zur Nächstenliebe. Hier wird versucht, den SuS die Abendmahlserzählung in der Breite aller Evangelien zu vermitteln.
Als Einstieg wird anhand der Pappteller und Speisekärtchen (aus Baustein 4) die Tradition des Passahfestes wiederholt. Die sich anschließende Erzählung (**M 1**) verbindet die Einsetzung des Abendmahls nach den synoptischen Evangelien mit der Fußwaschung nach Johannes. Die SuS erarbeiten anschließend in EA die Bedeutung der Abendmahlssymbolik, sowie der Fußwaschung (**M 2**).
In einer differenzierten Weiterarbeit können die SuS wählen, ob sie sich mit der Fußwaschung oder dem Abendmahl weiterbeschäftigen möchten (**M 3** und **M 4**; **M 3** aus Baustein 5).
Die verschiedenen Ergebnisse (Armbändchen, WhatsApps-Status, Einladung zur Abendmahlsfeier) können anschließend in einer Art Ausstellung präsentiert werden. Aufgrund unterschiedlicher Lerntempi können sich die SuS auch mit verschiedenen Aufgabenstellungen beschäftigen.

Kompetenz
3.1.5 (G) Die SuS können Jesu Verbindung und Umgang mit der jüdischen Tradition an einzelnen Geschichten wiedergeben.
3.1.5 (M) Die SuS können das Wirken Jesu auf dem Hintergrund seiner Zeit und Umwelt darstellen.
3.1.5 (E) Die SuS können das Wirken Jesu auf dem Hintergrund seiner Zeit und Umwelt erläutern.

Materialien
M 1: Erzählung: Die Fußwaschung (Joh 13,1–15; Mk 14,22–24)
M 2: Arbeitsblatt: Abendmahlssymbolik
M 3: Fußwaschung – eine Oster-Tradition in der katholischen Kirche
M 4: Was würde Jesus tun?

Einstieg	*Tisch mit Papptellern und Speisekärtchen* Wiederholung der vergangenen Stunde „Die Jünger warteten auf den Beginn des Passah-Festes"	Pappteller und **M 1c** Textkarten (aus Baustein 4)
Erzählung ☺	**M 1**: Fußwaschung (Teil 1) ⇒ Was ging wohl in den Köpfen der Jünger vor? ⇒ Schreibt die Gedanken eines Jüngers auf. ⇒ Setzt euch an den Platz eines Jüngers und lasst ihn laut denken.	**M 1** Erzählung Schüssel mit Wasser und Lappen
Erzählung (Fortsetzung)	**M 1**: Fußwaschung (Teil 2) Gesprächsimpulse: ⇒ Was ist an diesem Abend wichtig? ⇒ Was fehlt auf dem Tisch? ⇒ Welche Speisen verlieren ihre Bedeutung? ⇒ Welche Speisen sind wichtig? ⇒ Woran erinnern sie? ⇒ Manche Speisen erhalten eine ganz neue Bedeutung	
☺	⇒ **M 2**: Malt die Abendmahls-Gegenstände auf und schreibt die Bedeutung dazu.	**M 2** AB Abendmahlssymbolik
Weiterarbeit	L: *Diese Symbole und Handlungen sind in unsere Kirchen eingezogen. Beschäftigt euch mit der Fußwaschung oder dem Abendmahl.* **Fußwaschung:**	
☆☆	⇒ Bearbeite **M 3**.	**M 3** Fußwaschung
☆	⇒ Jesus sagt: „Handelt, wie ich." Was könnte er gemeint haben? Findet zwei Beispiele aus dem Schulalltag/Familie/Nachrichten … und spielt sie vor.	
☆	⇒ Lies **M 4**. Finde einen neuen Slogan und gestalte ein Armbändchen.	**M 4** Armband
	Abendmahl: (**M 3** aus Baustein 5 – Teil 1)	**M 3** (aus Baustein 5)
☆	⇒ Suche zu den Texten die passenden Bilder und bringe die Texte in die richtige Reihenfolge.	
☆☆	⇒ Welcher Teil des Abendmahls ist dir besonders wichtig? Markiere und begründe.	
	⇒ Gestalte eine Einladungskarte zur Abendmahlsfeier der Kirchengemeinde. Wer ist eingeladen? Warum wird gefeiert? Welche Symbole sind wichtig?	

M 1

Die Fußwaschung

Alle warteten darauf, dass Jesus die Geschichte von Mose und dem Auszug aus Ägypten erzählte. Alle Speisen, die daran erinnerten standen auf dem Tisch. Doch stattdessen geschah etwas ganz anderes.
Jesus stand auf. Er holte nicht das Brot, wie erwartet. Er holte eine Schüssel mit Wasser und ein Tuch. Er band sich eine Schürze um und kniete vor den Jüngern nieder. Vorsichtig begann er einem nach dem anderen die Füße zu waschen. Mit seiner Schürze trocknete er behutsam die Füße ab. So etwas macht normalerweise nur ein Diener oder eine Magd. Was sollte das?

Die Schüler lassen die Jünger sprechen.

Petrus hatte mal wieder als erstes den Mund offen. „Jesus du willst uns die Füße waschen? Was soll das? Du bist doch nicht unser Diener!"
Jesus antwortete: „Was ich jetzt tue, wirst du später verstehen."
Doch ungeduldig und aufbrausend wie Petrus war, protestierte er: „Ich will auf gar keinen Fall, dass du mir die Füße wäschst!"
„Dann gibt es auch keine Gemeinschaft mit mir", antwortete Jesus kurz.
Da lenkte Petrus ein: „Gut, dann wasch mir aber auch den Kopf und die Hände." „Das ist nicht nötig", sagte Jesus. „Ich bin euer Lehrer und ich wasche euch die Füße. Und so sollt ihr es auch tun. Ich werde nicht mehr lang bei euch sein. Deshalb gebe ich euch ein wichtiges Gebot für die Zukunft: ‚Geht liebevoll miteinander um, dient einander. Ertragt einander und helft euch gegenseitig, eure Lasten zu tragen. So unterschiedlich ihr auch seid.' So wie ich mit euch und anderen Menschen umgegangen bin, so sollt auch ihr miteinander umgehen. Die Menschen sollen an der Liebe zwischen euch erkennen, dass ihr meine Jünger seid."
Da nahm Jesus das Brot, brach es auseinander und sprach: „Nehmt das Brot und esst davon. Wenn ihr zusammenkommt und das Brot esst, dann denkt an mich. Denkt an mein Leben und Sterben für euch und alle Menschen."
Anschließend nahm er den Wein und sprach: „Das Rot des Weines soll euch daran erinnern, dass ich aus Liebe zu euch mein Leben gelassen habe.
Kommt zusammen. Esst und trinkt gemeinsam und erinnert euch an mein Leben und Sterben. Handelt anschließend ebenso.
Der Glaube an mich soll euch auch in Zukunft trotz aller Unterschiedlichkeit verbinden."

(nach Johannes 13,1–15 und Markus 14,22–24)

M 2

Abendmahlssymbolik

Brot

Wein

Schüssel mit Wasser

Das Abendmahl

Aufgabe:
Malt die Abendmahls-Gegenstände auf und schreibt die Bedeutung dazu.

M 3

Fußwaschung – eine Oster-Tradition in der katholischen Kirche ☆☆

Gründonnerstags-Messe
Papst wäscht Flüchtlingen die Füße – auch muslimischen

Er nannte es eine „brüderliche" Geste im Angesicht von Gewalt: Papst Franziskus hat zwei Tage nach den Selbstmordangriffen von Brüssel Flüchtlingen die Füße gewaschen.

Donnerstag, 24. März 2016, 22:20 Uhr

In der traditionellen Gründonnerstagsmesse hat Papst Franziskus in einer Asylbewerberunterkunft nahe Rom Flüchtlingen die Füße gewaschen. Das Oberhaupt der katholischen Kirche kniete vor elf Asylbewerbern und einer Mitarbeiterin der Einrichtung nieder, wusch und küsste ihnen die Füße. Der 79-Jährige sprach von einer „brüderlichen" Geste im Angesicht von Krieg und Gewalt. Die Teilnehmer zeigten sich tief bewegt, viele weinten.

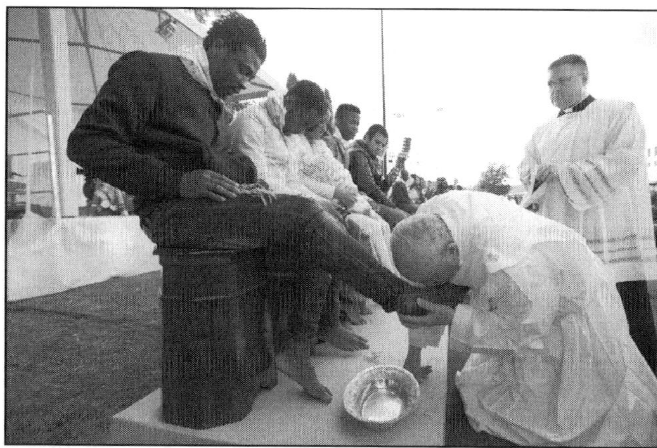

© AFP

Ausgewählt waren für das Ritual vier Katholiken aus Nigeria, drei Koptinnen aus Eritrea, drei Muslime aus Mali, Pakistan und Syrien, ein Hindu aus Indien sowie eine italienische Mitarbeiterin der Unterkunft. Die Fußwaschung am Gründonnerstag erinnert daran, wie Jesus beim letzten Abendmahl vor seiner Kreuzigung seinen zwölf Aposteln als Akt christlicher Nächstenliebe die Füße wusch.

© AFP

http://www.spiegel.de/panorama/gesellschaft/nach-terror-in-bruessel-papst-waescht-fluechtlingen-die-fuesse-a-1084119.html (Quelltext: AFP)

Aufgaben:

1. Lies den Text.
2. a) Einer der Flüchtlinge macht anschließend ein Selfie mit dem Papst. Er stellt es in seinen Status. Welchen Kommentar schreibt er darunter?
   b) Anschließend schickt er es an seine Familie. Schreibe eine WhatsApp.
3. Präsentiert eure Ergebnisse euren Mitschülerinnen und Mitschülern.

M 4

Was würde Jesus tun? 

Informationen zu W.W.J.D.

Kennst du die Armbändchen mit der Aufschrift W.W.J.D? Vielleicht hast du dich schon gefragt, was sie bedeuten oder du hast versucht, es zu googlen?
W.W.J.D. steht für „**W**hat **W**ould **J**esus **D**o?" (englisch für „*Was würde Jesus tun?*")

Wer so ein Armband trägt, möchte sich im Alltag an Jesu Handeln orientieren. Wie würde Jesus in dieser oder jener Situation reagieren? Was würde Jesus in bestimmten Situationen sagen oder tun? Das Armband ist also eine Art Erinnerungszeichen.

Die Idee stammt von Jamie Tinklenberg, einem amerikanischen Jugendpastor, der durch einen Roman „In His Steps" von Charles Sheldon 1896 inspiriert wurde.

Aufgaben:

1. Überlege dir einen eigenen Slogan.
2. Gestalte einen Anstecker, ein Armband …
3. Jesus sagt: „Handelt wie ich." Was könnte er gemeint haben?
   Findet zwei Beispiele aus dem Schulalltag/Familie/Nachrichten … und spielt sie vor.

Baustein 7: Jesus in Gethsemane

Beten – W(D)as bringt's?

Ob als Ritual in der Familie, in der Feier eines Schulgottesdienstes oder im Religionsunterricht – das Gebet gehört bei den SuS nicht nur zum kognitiven Wissen, sondern eigene Erfahrungen und Einstellungen zum Gebet können von SuS in den Unterricht eingebracht werden. Aufgabe des Religionsunterrichts ist es, diesen unterschiedlichen Einstellungen und Überzeugungen Raum zu geben und zum gegenseitigen Austausch anzuregen.
In der Sekundarstufe beginnen SuS das Beten in seinem Sinn zu hinterfragen. Äußerungen wie „Ich hab auch mal gebetet, aber es hat nichts gebracht …", gehören ebenso zu den Erfahrungen unserer SuS, wie Erlebnisse von Gebetserhörung und Stärkung durch Fürbitte. Anknüpfend an diese Erfahrungen bietet gerade die Gethsemane-Erzählung die Chance, mit den SuS über unterschiedliche Haltungen zum Gebet nachzudenken. „Der Bibeltext ‚Jesus im Garten Gethsemane' fasziniert heutzutage viele Menschen, weil hier die Menschlichkeit Jesu so klar wie fast nirgendwo sonst in der Bibel deutlich wird. Jesus ist einsam und verlassen, er leidet, er möchte seinen Tod vermeiden. Er bittet um das Ende des Leidens, aber sein Gebetswunsch wird nicht erfüllt." (M. Zimmermann)
Macht Beten Sinn, wenn Gebete nicht erhört werden? Im Sinne von Albert Schweitzers Zitat: „Gebete ändern nicht die Welt. Aber Gebete ändern die Menschen, und Menschen ändern die Welt", will der Baustein 7 mit den SuS über den Sinn des Betens nachdenken. In Jesus und den Jüngern finden die SuS Identifikationsfiguren für eigene Haltungen zum Gebet: Die Gruppe der Jünger, die über dem Gebet einschlafen, bzw. den Schlaf vorziehen und am Ende kopflos handeln. Jesus, dessen sehnlichster Wunsch nach Aufhebung des Leidens nicht erhört wird, der sich dem Willen des Vaters unterwirft und das Gebet als Stärkung erfährt. Beten als Veränderung der eigenen Person, als Möglichkeit des Rückzugs, der Besinnung und Stärkung kann die eigenen Erfahrungen und Einstellungen bestätigen, in Frage stellen bzw. zur Auseinandersetzung anregen.
Anhand eines Fragebogens (**M 1**) setzen sich die SuS zunächst mit den eigenen Erfahrungen und Einstellungen zum Gebet auseinander. In PA findet im Anschluss ein Austausch statt – alternativ können die Positionen in Form von „Line up" dargestellt werden. Die SuS stellen sich dazu auf einer gedachten Linie im Klassenzimmer zwischen den beiden Plakaten „Stimmt!" oder „Stimmt nicht!" (**M 2**) auf. Die SuS begründen ihren Standpunkt. Den eigenen Haltungen zum Gebet, wird nun die Situation in Gethsemane gegenübergestellt (**M 3**). Unter der Überschrift „Beten – was bringt's? / Beten – das bringt's!" ordnen die SuS die Figuren der Darstellung (**M 4**) zu und begründen ihre Zuordnung. In PA tauschen sich die SuS aus und vergleichen ihr Ergebnis. Eine Diskussion kann sich daran anschließen.
Die SuS erhalten die Texte (**M 5**). In Gruppenarbeit gehen die SuS mit derselben Textkarte zusammen. Die SuS lesen den Text. Im Austausch erarbeiten sie die mögliche Position ihrer Person und ordnen die Person den Aussagen „Beten – was bringt's? / Beten – das bringt's!" zu. In Einzelarbeit versuchen die SuS nochmals ihre eigene Haltung zum Gebet zu überdenken, indem sie einen für sie wichtigen Aspekt farblich markieren. Die eigene Position kann im Anschluss als Elfchen formuliert werden.☆☆
Das Basteln eines Gebetswürfels mit eigenen Gebeten (**M 6**) ist eine weitere Möglichkeit der Vertiefung.☆

Kompetenz
3.1.5 Die SuS stellen Leben und Wirken Jesu auf dem Hintergrund der jüdisch-christlichen Tradition dar.
3.1.4 (4) SuS können verschiedene Lebenssituationen zu Form der Hinwendung zu Gott (Klage, Bitte) in Beziehung setzen.

Materialien
M 1: Fragebogen: Beten – Was bringt's?
M 2: Schilder: Stimmt! / Stimmt nicht!
M 3: Erzählung: Jesus in Gethsemane (Mk 14,32–50; Lk 22,39–52)
M 4: Arbeitsblatt: Beten – (D)Was bringt's? (auf Folie kopieren)
M 5: Texte zu Gebeten
M 6: Bastelvorlage: Gebetswürfel

<table>
<tr><td>Einstieg
☺
☺ ☺</td><td>Die SuS erhalten den Fragebogen M 1:
Die SuS füllen den Fragebogen aus.
Die SuS tauschen sich mit dem Arbeitspartner aus.
<u>Alternativ:</u>
Positionslinie:
Die SuS positionieren sich auf einer gedachten Linie im Klassenzimmer zwischen „Stimmt!“ und „Stimmt nicht!“.
Die SuS begründen ihren Standpunkt.</td><td>M 1
Fragebogen

alternativ:
M 2 Schilder</td></tr>
<tr><td>Erzählung</td><td>Markus 14,32–50 und Lukas 22,39–52 M 3</td><td>M 3 Erzählung</td></tr>
<tr><td>Vertiefung ☺

☺</td><td>SuS bearbeiten das Arbeitsblatt M 4.
TA:
Beten – was bringt's? Beten – das bringt's!
⇒ Ordnet eure Figuren zu und begründet eure Meinung.</td><td>M 4 Bild mit Sprechblasen (auf Folie)</td></tr>
<tr><td>Gruppenarbeit</td><td>Impuls:
Ihr hört in den Gruppen Aussagen von Jugendlichen zum Gebet.</td><td></td></tr>
<tr><td>Weiterarbeit
☺☺☺☺</td><td>Die SuS erhalten in der Gruppe einen Text von M5.
⇒ Diskutiert das Gehörte in Kleingruppen.
⇒ Ordnet eure Person den beiden Aussagen zu und begründet eure Meinung.
<table>
<tr><th>TA: Beten – was bringt's?</th><th>Beten – das bringt's!</th></tr>
<tr><td>Gebete werden nicht erhört.
Gebetserhörung kann auch Zufall sein.
Es ist lästig.</td><td>Ich kann mich zurückziehen, ohne allein zu sein.
Durch das Beten habe ich einen Platz, an dem ich meine Sorgen ablegen kann.
Menschen in anderen Ländern nicht vergessen. Mein Blick auf die Dinge ändert sich.</td></tr>
</table></td><td>M 5 Texte zu Gebeten</td></tr>
<tr><td>Weiterarbeit ☺
Differenzierung
★
★★</td><td>⇒ Welche Aussage ist dir wichtig? Markiere und begründe.
⇒ Gestalte einen Gebetswürfel mit eigenen Gebeten M 6.
⇒ Schreibe ein Elfchen zum Thema „Gebet“ M 6.</td><td>M 6 Gebetswürfel</td></tr>
</table>

M 1

Beten – Was bringt's?

	Stimmt	Stimmt nicht
Ich habe schon mal gebetet.	☐	☐
Ich bete eigentlich nur, wenn ich in großer Not bin.	☐	☐
Mein Gebet wurde erhört.	☐	☐
Beten bringt nichts.	☐	☐
Ich bete nur in der Kirche.	☐	☐
Ich kenne einige Gebete auswendig.	☐	☐
Wenn ich bete, spreche ich einfach in meinen eigenen Worten.	☐	☐
Ich habe schon mal mit meinen Eltern zusammen gebetet.	☐	☐

Diese Gebete kenne ich:

____

____

____

____

____

____

____

Aufgaben:

☺ Kreuze an, was für dich zutrifft.
☺☺ Tausche dich mit deinem Arbeitspartner aus.

M 2

Stimmt!

Stimmt <u>nicht</u>!

M 3 Jesus in Gethsemane

Nachdem die Jünger gemeinsam gefeiert hatten, gingen sie hinaus. Sie machten sich auf den Weg in den Garten Gethsemane. Nach dem guten Essen und leckeren Wein waren die Jünger bestens gelaunt. Ausgelassen unterhielten sie sich. Dabei bemerkten sie kaum, dass Jesus immer stiller wurde. Sein Blick war ernst und angespannt. Etwas barsch sagte Jesus zu seinen Freunden: „Bleibt hier. Ich möchte beten."

Petrus, Johannes und Jakobus nahm er mit in den Garten hinein. Als sie allein waren, sagte Jesus verzweifelt: „Ich habe schreckliche Angst vor dem, was nun kommen wird. Am liebsten wäre ich schon tot. Ich weiß nicht, ob ich das schaffe. Bleibt hier und wartet, ich muss beten."

Jesus ging ein paar Schritte weiter und warf sich auf den Boden. Voller Angst und Verzweiflung fing er an zu beten: „Vater im Himmel, dir ist alles möglich. Du hast es geschafft, das rote Meer zu teilen und die Israeliten zu retten. Du kannst auch mich retten und mir das Leiden ersparen. Nimm diesen bitteren Kelch von mir, damit ich nicht leiden muss. Doch nicht was ich will, sondern was du willst, soll geschehen."

Jesus ging zurück zu seinen Jüngern. Sie waren eingeschlafen. Ärgerlich weckte er seine Freunde auf und sagte: „Könnt ihr nicht wenigstens eine Stunde wachbleiben. Wie wollt ihr diese schwierige Zeit, die nun folgt, bestehen?" Die Jünger schauten ihn verständnislos an? Warum sollten sie beten?

Nochmals ging Jesus in den Garten. In Todesangst warf er sich auf die Erde und betete: „Vater im Himmel, dir ist alles möglich. Du hast es geschafft, das rote Meer zu teilen und die Israeliten zu retten. Du kannst auch mich retten und mir das Leiden ersparen. Nimm diesen bitteren Kelch von mir, damit ich nicht leiden muss. Doch nicht was ich will, sondern was du willst, soll geschehen."

Noch ein drittes Mal betete Jesus. Gestärkt ging Jesus zu seinen Jüngern.

Wieder waren sie eingeschlafen. Er weckte sie unsanft auf und erinnerte sie: „Steht auf und betet. Sonst werdet ihr es nicht schaffen."

Als Jesus noch zu ihnen redete, hörten sie plötzlich Schritte. Eine große Schar Männer, bewaffnet mit Knüppeln und Schwertern, kam auf sie zu. Ganz vorn ein bekanntes Gesicht: Judas. Mit einem Kuss begrüßte er Jesus freundlich. Doch die Freundlichkeit war nur aufgesetzt. Der Kuss kein Begrüßungskuss, sondern das Zeichen des Verrats. Kaum hatte Judas ihn geküsst, stürmten die Soldaten auf Jesus zu und verhafteten ihn. Die Jünger waren entsetzt. Was passiert hier?

Petrus zog plötzlich das Schwert eines Soldaten. Blitzschnell schlug er zu. Ein Soldat blutete. Sein Ohr war verletzt. Entsetzt starrten alle zu Jesus. Der blieb ruhig. „Petrus, gib das Schwert her. Was du tust ist nicht richtig." Vorsichtig berührte Jesus das Ohr des Soldaten und heilte es. Woher hatte Jesus diese Ruhe? Die Jünger packte Angst und Panik. Als Jesus abgeführt wurde, rannten alle entsetzt weg.

(nach Markus 14,32–50 und Lukas 22,39–52)

M 4

Beten – (D)Was bringt's?

Aufgaben:

1. Schreibe die Namen der Personen auf (1–3).
2. Was weißt du über sie? Notiere drei Stichworte oder male drei passende Symbole. Schau eventuell im Heft nach.
3. Schreibe das Gebet Jesu auf.
4. Schneide das Bild an der gepunkteten Linie auseinander. Ordne Jesus und die Jünger folgenden Aussagen zu und vervollständige die Sätze: Beten – das bringt's, weil … / Beten – was bringt's? …
5. Vergleiche deine Zuordnung mit deinem Arbeitspartner.

M 5

Lea (13 Jahre)
Meine Patentante ist im vergangen Jahr an Krebs gestorben. Sie war erst 38 Jahre alt. Ich vermisse sie so sehr! Immer wieder haben wir für sie gebetet.

✂- -

Timo (14 Jahre)
Ich bete oft für andere. Das machen wir auch in unserem Jugendkreis so. Wir beten dort auch für Menschen in Krisengebieten, die leiden müssen oder auf der Flucht sind.

✂- -

Lena (12 Jahre)
Mit meinen Eltern bete ich immer noch abends. Wir danken für den Tag und bitten für uns und andere. Neulich war ich den ganzen Tag so fertig, weil ich auf eine Klassenarbeit gelernt habe und trotzdem nur eine 4,5 rauskam. An diesem Abend fiel es mir richtig schwer noch etwas Gutes zu finden.

✂- -

Niklas (13 Jahre)
Wir waren letztes Jahr in Kanada beim Zelten und Kanu fahren. Auf einer Wanderung habe ich plötzlich meine Familie verloren. Irgendwie musste ich einen Abzweig verpasst haben. Dort in der Pampa hatte ich auch kein Handy-Netz und Touristen waren auch keine unterwegs. Nachdem ich zwei Stunden umhergeirrt bin und niemanden gefunden hatte, bekam ich langsam Panik. Bei Nacht in der Wildnis Kanadas – das ist kein Spaß. Ich war froh, dass ich beten konnte. Ich setzte mich hin und bat Gott, mir doch irgendwie zu helfen. Eine Stunde später haben wir uns auf unserer Suche tatsächlich getroffen. Gott sei Dank!

✂- -

Sophia (14 Jahre)
Seit einem Jahr bin ich in einer Ganztagesschule, weil meine Eltern mehr arbeiten müssen. Es macht mir Spaß und es ist auch toll, mit allen Freunden den ganzen Tag zusammen zu sein. Nach der Schule bin ich aber auch froh, wenn es mal ruhig ist und ich mich zurückziehen kann. Beim Beten gelingt mir das gut. Ich komme zur Ruhe, bin nicht allein und kann meine Sorgen abladen. Das ist cool.

✂- -

Tim (13 Jahre)
Allein bete ich nie. Aber mit meiner Familie betet immer vor dem Essen. Das fand ich manchmal schon ganz schön lästig. Vor allem, wenn ich Kohldampf hatte. Aber inzwischen finde ich es eigentlich doch ganz gut, nicht zu vergessen, dass das Essen und alle anderen Dinge nicht selbstverständlich sind.

Aufgaben:

1. Lies den Text durch. Überlege, was hier über das Gebet gesagt wird.
2. ★ Beten – das bringt's! / Beten – was bringt's? Ordne deine Person den beiden Aussagen zu. Begründe deine Zuordnung.
3. ★★ Fasse die Aussage in einem Satz zusammen.

M 6

Vorlage für einen Gebetswürfel

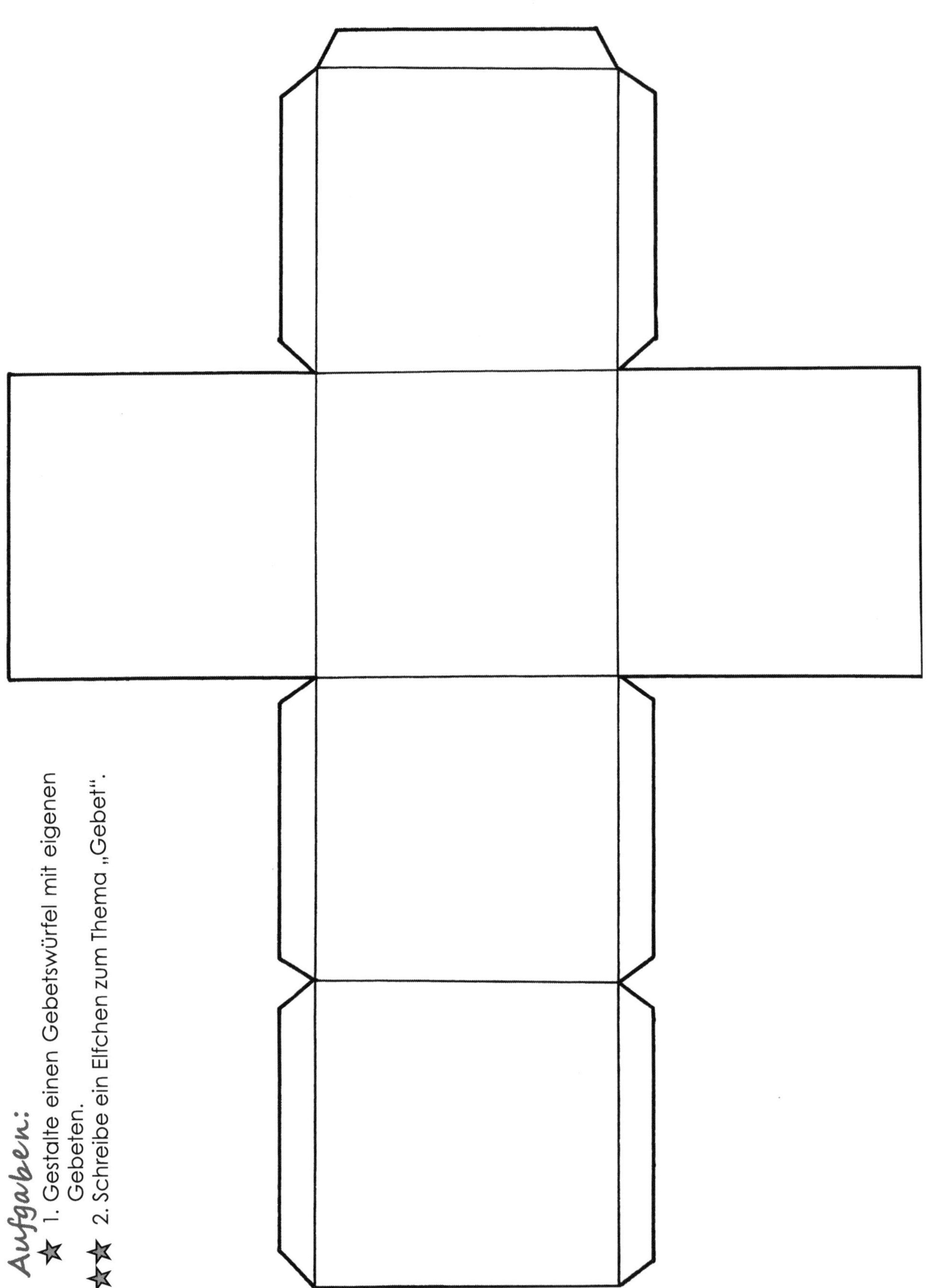

Aufgaben:

★ 1. Gestalte einen Gebetswürfel mit eigenen Gebeten.

★★ 2. Schreibe ein Elfchen zum Thema „Gebet“.

Baustein 8: Die Verleugnung des Petrus

Was kräht der Hahn vom Kirchendach?

Neben Brot und Wein erinnert auch der Hahn auf vielen Kirchen symbolisch an die Ereignisse der Passions- und Osterzeit. Als Wetterhahn fungiert der Hahn seit dem Mittelalter auf Kirchendächern. Für die Bauern ein wichtiges Instrument, um aufgrund der Windrichtung Rückschlüsse auf das Wetter zu ziehen.
Der Hahnenschrei am Morgen vertreibt sinnbildlich die Nacht und lässt den Hahn in verschiedenen Kulturen zum Lichtbringer werden, der die Dunkelheit vertreibt. Auch im Christentum wird der Hahn ab dem 9. Jh. zu einem Symbol der Auferstehung.
Die Erzählung von der Verleugnung des Petrus zeigt den Hahn in seiner Bedeutung als Mahner und Wächter. Schon in der griechischen Mythologie ruft der Hahn zur Wachsamkeit an der Grenze von Nacht und Tag.
Die Erzählung der Verleugnung des Petrus findet sich in allen vier Evangelien, wenn auch zum Teil mit unterschiedlicher Akzentuierung. Allen Erzählungen ist der Aufruf zur Mahnung und zum Bekenntnis des Glaubens gemeinsam. Den Glauben an Jesus zu bekennen war und ist zu allen Zeiten eine Herausforderung für Christen. In der Kirchengeschichte finden sich viele Beispiele von mutigem Bekenntnis und ängstlichem Versagen. Als Mahnmal und Erinnerungszeichen findet sich der Hahn bis heute auf vielen evangelischen Kirchen.
Vielen SuS ist der Hahn auf dem Kirchendach bekannt. Häufig wird er jedoch nur in seiner Funktion als Wetterhahn wahrgenommen. Den Hahn als Mahner zum mutigen Bekenntnis hingegen, kann nur mit Kenntnis des biblischen Hintergrunds wahrgenommen werden. Im Sinne von „Man sieht nur, was man weiß“ (Goethe), will Baustein 8 das Wissen der SuS an dieser Stelle vertiefen und den Hahn in seiner religiösen Dimension erschließen.
Anknüpfend an ihre Erfahrungswelt tauschen sich die SuS über Erinnerungshilfen (Handy, Kalender, auf Handrücken schreiben) mit Hilfe der Namensschild-Methode (**M 1**) aus. Die Bedeutsamkeit von Erinnerung als Mahnung für die Zukunft erarbeiten die SuS in Gruppen anhand der Bilder (**M 2**). Die SuS überlegen, inwiefern auch der Hahn auf dem Kirchendach ein solches Mahnmal ist.
Die SuS hören die Erzählung nach Lk 22,54–62 (**M 4**).

Die SuS erhalten das Arbeitsblatt (**M 1a**). Die vertiefende Aufgabe ist differenziert:
Niveau ★: Die SuS stellen die Gefühle des Petrus mit Hilfe eines Emojis dar.
Niveau ★★: Auch bei dieser Aufgabenstellung geht es um ein Einfühlen in die Person des Petrus. Was ging in Petrus vor, als er zukünftig einen Hahn krähen hörte? An dieser Stelle haben die SuS die Möglichkeit, eigene Erfahrungen mit Schuld, Versagen und Scham einzubringen.
Gemeinsame Überlegungen, warum dieses Ereignis nicht vergessen werden sollte, schließen sich daran an. Mit Hilfe des Arbeitsblattes (**M 5**) werden die Überlegungen zusammengefasst.
(**M 6**) knüpft nochmals an die Erfahrungswelt der SuS an. In GA setzen sich die SuS mit Situationen auseinander, in denen mutiges Bekenntnis gefragt ist. Die Ergebnisse werden in einem Rollenspiel präsentiert. Alternativ können einzelnen Szenen auch als Einstieg in die Stunde verwendet werden. Der Stundenverlauf ändert sich dadurch und muss entsprechend angepasst werden.

Kompetenz
3.1.3 (G) Die SuS können die mögliche Bedeutung biblischer Texte für die Gegenwart darstellen.
3.1.3 (M) Die SuS können die mögliche Bedeutung biblischer Texte für die Gegenwart erläutern.
3.1.3 (E) Die SuS können die mögliche Bedeutung biblischer Texte für die Gegenwart untersuchen.

Materialien
M 1: Arbeitsblatt: Namensschild-Methode; **M 1a**: Emoji
M 2: Mahnmale (auf Folie kopieren)
M 3: Mahnmal: Hahn
M 4: Erzählung: Die Verleugnung des Petrus (Lk 22,54–62)
M 5: Arbeitsblatt: Der Hahn auf dem Kirchendach – ein Mahnmal
M 6: Szenen für Rollenspiel

Einstieg ☺ ☺☺ ☺☺☺☺	Die SuS erarbeiten das AB **M 1** *Namensschild-Methode* ⇒ Beantworte in EA die Fragen. ⇒ Findet einen Arbeitspartner und tauscht euch aus. ⇒ Findet ein weiteres Pärchen. Stellt die Ergebnisse eures Arbeitspartners in der Gruppe vor.	**M 1** Arbeitsblatt
GA	Die SuS erhalten Bilder vom Holocaust-Mahnmal in Berlin/Ground Zero Memorial in New York **M 2** und Hahn auf Kirchturm **M 3** ⇒ An welche Ereignisse wird erinnert? ⇒ Was haben die Bilder gemeinsam? ⇒ Findet eine Überschrift. ⇒ Der Hahn erinnert an ein Ereignis, das nicht vergessen werden soll.	**M 2** (auf Folie) **M 3** Hahn
Erzählung	Verleugnung des Petrus Lk 22,54–62 **M 4** ⇒ Pappteller: Petrus mit „offener Klappe!" (Stummer Impuls)	**M 4** Erzählung Pappteller (aus Baustein 4)
Erarbeitung ☺☺ ★ ★★ ★ ★★	SuS bearbeiten **M 1a** in PA ⇒ Versucht mit einem Emoji darzustellen, wie sich Petrus nach dieser Aktion gefühlt hat. ⇒ Zuverlässig jeden Morgen kräht der Hahn. Welche Gedanken schossen Petrus durch den Kopf? Schreibt sie auf. ⇒ Petrus hätte den Abend am liebsten aus seinem Gedächtnis gestrichen. Doch die Bibel und der Hahn auf vielen Kirchen erinnern jeden Tag daran. Finde eine Erklärung. Die SuS erhalten das AB **M 5**. ⇒ Du machst eine Kirchenführung. Ein Kind fragt dich, weshalb der Hahn auf dem Dach ist. Schreibe eine Erklärung. ⇒ Stellt euch vor, der Hahn auf dem Kirchendach würde eine Sprechblase bekommen. Was ruft er den Christen zu?	**M 1a** **M 5** Hahn mit Sprechblase
Weiterarbeit ☺☺☺☺	SuS erhalten **M 6**. *Rollenspiel* ⇒ Versucht, euch in die Personen hineinzuversetzen. Welche Ängste haben sie? ⇒ Spielt die Szene weiter.	**M 6** Szenen

M 1

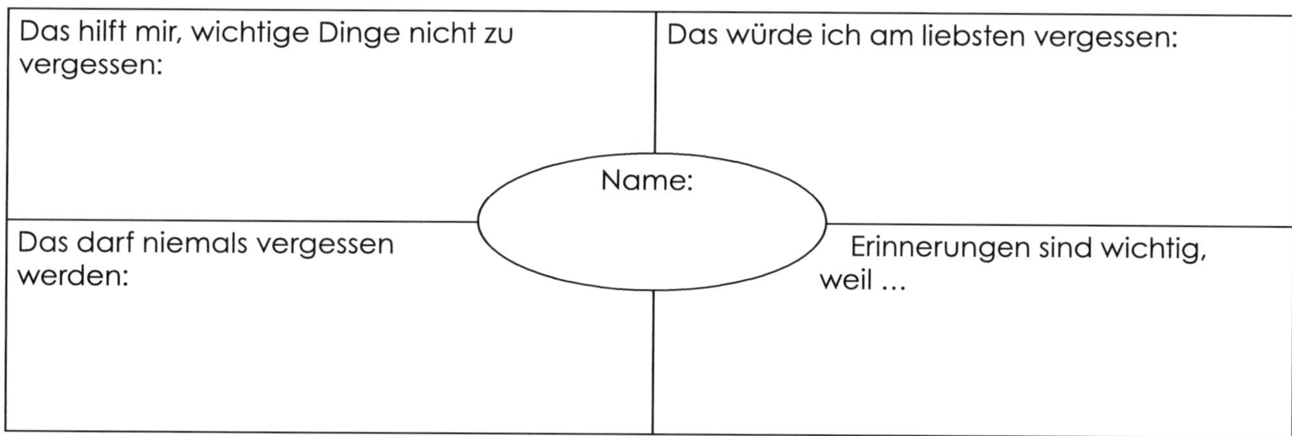

Aufgaben:

☺ 1. Beantworte die Fragen.
☺☺ 2. Tausche dich mit einem Arbeitspartner aus.
☺☺☺☺ 3. Geht mit einem anderen Pärchen zusammen. Stelle die Antworten deines Arbeitspartners vor.

M 1a

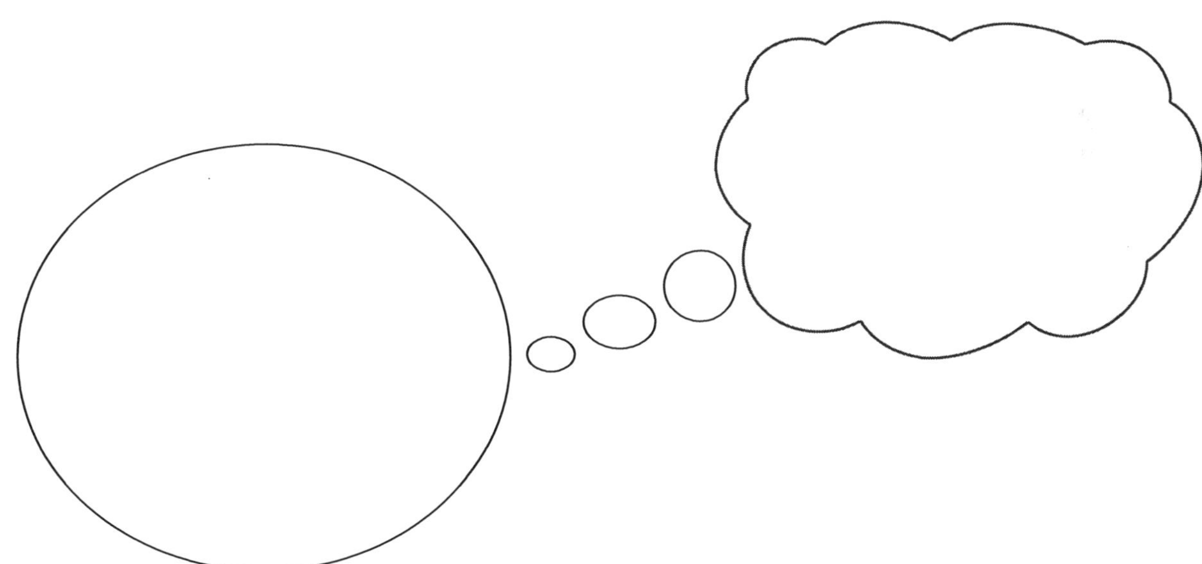

Aufgaben:

★ ☺☺ 1. Versucht, mit einem Emoji darzustellen, wie sich Petrus nach dieser Aktion gefühlt hat. Stellt euren Emoji der Klasse vor.
★★ ☺☺ 2. Zuverlässig jeden Morgen kräht der Hahn. Welche Gedanken schossen Petrus durch den Kopf? Schreibt sie auf.
Petrus hätte den Abend am liebsten aus seinem Gedächtnis gestrichen. Warum wurde gerade diese Erzählung in der Bibel aufgenommen? Finde eine Erklärung.

M 2

M 3

M 4 Die Verleugnung des Petrus

Petrus folgt Jesus zum Palast des Hohenpriesters

Völlig allein stand Petrus nun da! Alle waren plötzlich weg. Jesus, abgeführt von einer Truppe Soldaten und die anderen – einfach davongelaufen. „Was war hier eigentlich los? Und überhaupt, wo wird Jesus hingebracht?" Neugierig schlich Petrus den Soldaten hinterher. Bald darauf sah er, wie Jesus im Palast des Hohenpriesters verschwand. Im Hof des Palastes brannte ein Feuer. Petrus fror. Er setzte sich ans Feuer und wärmte sich. „Wie konnte Judas Jesus verraten? War ihm Geld so wichtig? Was wird nun geschehen? Was werden sie ihm antun?" Petrus war völlig aufgewühlt.

Die erste Verleugnung

Ganz in Gedanken versunken, sprach ihn plötzlich eine Magd an: „Du warst doch auch mit Jesus, dem Galiläer, diesem Aufrührer, unterwegs!" Petrus erschrak. Hatte ihn wirklich jemand erkannt? Was sollte er sagen? Petrus hatte Angst. „Ich habe keine Ahnung, wovon du redest." Schnell stand Petrus auf. Er musste von hier verschwinden, ehe ihm noch weitere unangenehme Fragen gestellt wurden.

Die zweite Verleugnung

Er ging zum Torbau. Dort hielten sich meistens die Wachen auf. Petrus war es ganz mulmig zu Mute. Ihm kam es so vor, als würden ihn alle Leute anstarren. „Der da war auch mit Jesus, dem Nazarener unterwegs!" Schon wieder. Wieder hatte ihn jemand erkannt. Schnell erwiderte Petrus: „Ich schwöre es, ich kenne den Mann nicht."

Die dritte Verleugnung

Plötzlich kam einer der Soldaten auf Petrus zu. „Tatsächlich, jetzt sehe ich es auch. Du bist auch einer von denen. Deine Sprache verrät dich. Du sprichst den galiläischen Dialekt." Da wurde Petrus zornig: „Ich kenne diesen Jesus nicht. Das ist die Wahrheit. Ich schwöre, so wahr ich Jude bin."

Petrus bereut sein Verhalten

Da krähte der Hahn. In diesem Moment führten sie Jesus über den Hof. Jesus schaute ihn an. Doch Petrus konnte ihm nicht in die Augen sehen. Für Petrus war es, als ob der Hahn ihn an die Worte Jesu erinnerte. „Noch ehe der Hahn kräht, wirst du mich dreimal verleugnen." Petrus war verzweifelt. Was hatte er nur getan? Warum hatte er das getan? Er verstand sich selbst nicht mehr. Verzweifelt begann er zu weinen.

(nach Lukas 22,54–62)

M 5

Der Hahn auf dem Kirchendach – ein Mahnmal

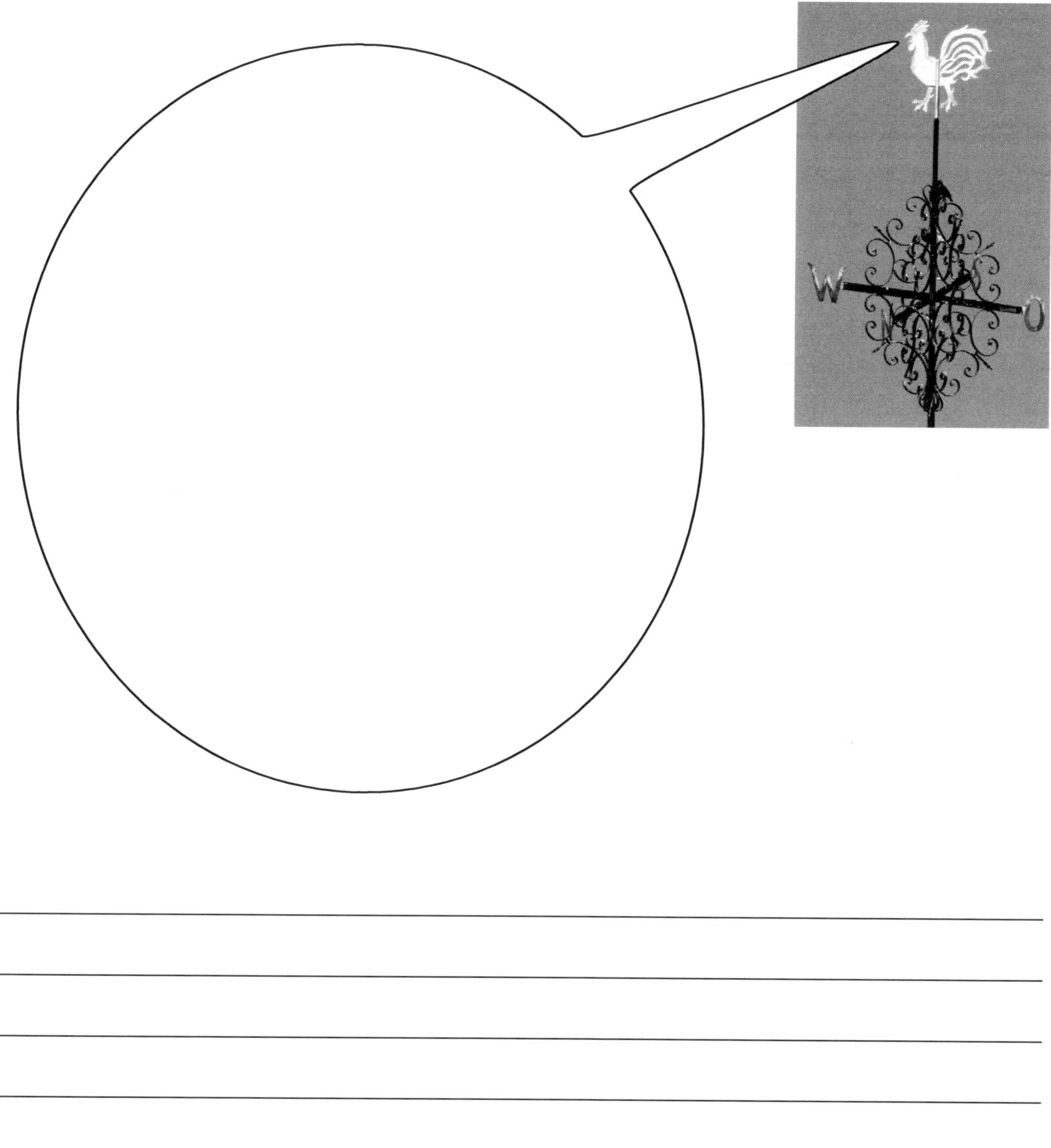

____

____

____

____

____

Aufgaben:

★ 1. Stell dir vor, du machst mit einer Kindergruppe eine Führung durch die Kirche. Ein Kind fragt dich, weshalb der Hahn auf dem Dach ist. Schreibe eine Erklärung.

★★ 2. Der Hahn auf dem Kirchendach ist ein „Erinnerungszeichen". Was „ruft" der Hahn den Christen zu? Schreibe es in die Sprechblase.

M 6

Marie und Lea

Marie hat die Schule gewechselt. Sie ist froh, schnell neue Freunde gefunden zu haben.
Auf dem Pausenhof steht sie mit ihren Mitschülerinnen zusammen.
Plötzlich ruft jemand von der Straße. „Hallo Marie, ich mag dich!" Ein behindertes Mädchen im Rollstuhl winkt ihr zu. Es ist ihre Schwester Lea.
Ihre Freunde machen schon Witze. „Schau mal, die Behinderte! Bisschen gaga!" Marie verhält sich ganz still. Den anderen fällt das auch auf. Plötzlich fragt eine Mitschülerin: „Kennst du die etwa?"

✂- -

Jan und Erhan

Jan und Erhan sind seit ihrer Grundschulzeit die besten Freunde. Auch nachdem Jan auf die Realschule gewechselt ist, treffen sie sich noch mehrmals in der Woche. Als Jan eines Tages mit einigen seiner neuen Klassenkameraden in der Stadt unterwegs ist, kommt ihnen zufällig Erhan entgegen. Gerade will Jan Erhan begrüßen, da ruft einer seiner neuen Freunde laut: „Achtung, Döner kommt! Alles in Deckung!" Ein anderer sagt ebenfalls sehr deutlich: „Zum Flüchtlingsheim geht's in die andere Richtung."
Ein Dritter fragt Jan: „Was guckt der dich so genau an. Kennst du den etwa?"

✂- -

Tim und sein Vater

Tim ist mit seinen Freunden unterwegs. Er ist froh, von Zuhause weg zu sein. Zuhause gibt es eine Menge Probleme. Sein Vater ist alkoholkrank und deswegen selten nüchtern.
Als Tim mit seinen Freunden unterwegs ist, wankt ihnen eine Gestalt entgegen. „Hey, ihr! Mir geht's (hicks) nicht so gut. Ich brauch was zu trinken. Hast du mir 'nen Euro (hicks)?" Seine Freunde fangen schon an zu kichern. „Komm schon Tim, sei ein braver Sohn ..." Die Freunde schauen ihn verwundert an: „Ist das dein Vater, oder ist der nur im Vollrausch?"

✂- -

Leon

Leon ist bei seinem alten Grundschulfreund Fynn zum Geburtstag eingeladen. Fynn hat es nach der 4. Klasse aufs Gymnasium geschafft. Bei Leon lief es nicht so gut, weil ihn seine Eltern nicht unterstützen konnten. Er kam auf die Hauptschule.
Bei der Vorstellungsrunde fragte einer von Fynns neuen Freunden: „Und auf welches Gymnasium gehst du?"

✂- -

Fabian und Niko

Fabian trifft seinen Freund Niko nach der Schule. Niko fragt ihn: „Hast du heute Mittag Zeit zum Zocken?" Fabian überlegt kurz und antwortet: „Nein, ich gehe heute Nachmittag zum Konfirmandenunterricht." Genau in dem Moment läuft Lena, das für ihn hübscheste Mädchen der Klasse, vorbei. Sie hatte Fabians Antwort gehört und ruft: „Glaubst du etwa an Gott?"

✂- -

Aufgaben:

1. Lest euch die Szenen durch. Wie könnte es weitergehen?
2. Spielt die Geschichte weiter.

Baustein 9: Die Kreuzigung

Das Kreuz – kein „eindeutiges" Zeichen?!

Das Kreuz ist das zentrale Erkennungszeichen der Christen und unserer christlichen Kultur. Vielfältig begegnet es uns in Kirchen, Friedhöfen, als Schmuckstück oder auf Flaggen. Frühere Erkennungszeichen der Urchristenheit waren der Fisch oder auch das Christusmonogramm. Erst im 4. Jh., nach Abschaffung der Kreuzigung als Todesstrafe und der Einführung des Christentums als Staatsreligion im römischen Reich, wurde das Kreuz zum zentralen Kennzeichen des Christentums. Das Kreuz stellte allerdings von Anfang an für die Christen eine Herausforderung dar.
„Bereits Paulus wusste, dass die Verehrung eines Gekreuzigten für Juden ein empörendes Ärgernis und für Heiden eine Torheit war (1. Kor 1,23)." (Hannah Rose)
Wie also nach Ostern von Jesu Tod sprechen? Es ging darum, den Tod selbst als wichtigen Bestandteil der Auferstehungsbotschaft Jesu zu bekennen.
Im Neuen Testament finden sich verschiedene Deutungsmodelle. Hier ein Auszug:

- Jesu Tod als Vorbild (1. Joh 3,16)
- Jesu Tod als Opfer (Eph 5,2)
- Jesu Tod als Lösegeld (Mk 10,45)
- Jesus stirbt für sein Freunde (Joh 15,13)
- Jesus stirbt für unsere Sünden (1. Kor 15,3)
- Jesus stirbt, weil er seinen Weg gehorsam bis ans Ende geht (Php 2,8)

Erst im Mittelalter gewinnt der Gedanken, dass Jesu Tod als Sühneopfer gedeutet wird, an Dominanz. Anselm von Canterbury (1033–1109), Theologe und Philosoph, entwickelt in seiner Heilstheorie den Gedanken, dass Jesu Tod eine Sühnehandlung für den Ungehorsam des Menschen gegenüber Gott und der daraus resultierenden Ehrverletzung Gottes ist. In der Reformation entwickelt Martin Luther diesen Gedanken weiter und betont, dass nicht nur der Mensch Jesus, sondern Gott selbst sich am Kreuz für die Menschen geopfert hat.
Dieser Gedanke ist bis heute vorherrschend. Gleichzeitig stellt er vor Herausforderungen und wird von SuS kritisch hinterfragt. Ist ein „liebender Gott" mit dem Gedanken des Sühneopfers vereinbar? Auch die Wahrnehmung der eigenen Person als Sünder, stößt auf Unverständnis und Kritik.
Die SuS erhalten in Baustein 9 die Möglichkeit, ihre eigenen Gedanken und Gefühle zum Symbol Kreuz mit Hilfe von Farben und Assoziationen auszudrücken. Gleichzeit erhalten die SuS die Möglichkeit, sich mit verschiedenen Deutungsmöglichkeiten auseinanderzusetzen und eine eigene Deutung zu formulieren und kreativ zu gestalten.
Zunächst äußern die SuS ihre eigenen Assoziationen zum Kreuz. Auch verschiedene Deutungen in unterschiedlichen Kontexten werden mit Hilfe der Bilder von **M 1a** herausgearbeitet.
Im ersten Teil, der auf eine Doppelstunde angelegten Sequenz, geht es um die historische Bedeutung des Kreuzes. Die SuS werden in Gruppen eingeteilt und versuchen die Kreuzigung aus der Perspektive einer bestimmten Personengruppe (Jünger, Frauen …) zu hören **M 1b**. Die SuS können mit Hilfe von Wortkarten und Farben die Bedeutung des Kreuzes für die damalige Zeit und Personengruppe formulieren.
Dieser Teil zeigt die historische Bedeutung des Kreuzes und provoziert zugleich die Fragestellung, wie ein solches Hinrichtungs-Zeichen zu einem zentralen Zeichen einer Religion werden konnte.
Theologisierend kann mit der Lerngruppe der Frage nachgegangen werden, ob das Kreuz als zentrales Zeichen für die Christen gut gewählt wurde. Als Impuls kann **M 1c** eingesetzt werden.

Im weiteren Verlauf werden den SuS unterschiedliche Deutungsmodelle **M 2–M 6** vorgestellt. Es besteht auch die Möglichkeit, eigene Deutungen zu formulieren. Die SuS werden herausgefordert, ihre eigene Position zu beziehen und mit Hilfe von **M 7** zu formulieren.

Niveau ☆: Die kreative Gestaltung eines eigenen Kreuzes fordert die SuS zu einer vertieften Auseinandersetzung mit ihrer Deutung vom Kreuz heraus.

Niveau ☆☆: Mit Hilfe von **M 8** und **M 9** setzen sich die SuS mit der Kreuzigungsdarstellung von Joseph Beuys auseinander und erarbeiten eine Präsentation.

Kompetenz
3.2.5 (3) Die SuS können sich mit Deutungen von Kreuz und Auferstehung auseinandersetzen.

Materialien
M 1: Arbeitsblatt: Das Kreuz und seine unterschiedlichen Bedeutungen
M 1b: Erzählung: Kreuzigung (Lk 23,26–49 und Mt 27,45–55)
M 1c: Impuls: Bild und Text
M 2–M 6: Plakate zum Symbol: Kreuz
M 7: Arbeitsblatt: Das Kreuz – mögliche Bedeutungen
M 8: Bildbetrachtung: „Kreuzigung" von Joseph Beuys
M 9: Kurz-Biografie: Joseph Beuys

<table>
<tr><td>Einstieg

☺☺</td><td>Holzkreuz als stummer Impuls
⇒ Diese Farben passen zum Kreuz (Farbkarten oder Tücher).
⇒ Wenn ich das Kreuz sehe, …
SuS erhalten (M 1a).
⇒ Findet unterschiedliche Bedeutungen des Kreuzes.
⇒ Was bedeutete das Kreuz für <u>Jesus, Jünger, Zuschauer, Soldaten, Frauen, Simon, Hauptmann …</u>?
⇒ Achtet in der Geschichte auf eine Personengruppe.</td><td>Kreuz / Tücher

Papier
M 1a</td></tr>
<tr><td>Erzählung/
Textarbeit
Erarbeitung
☺☺
☆☆

☆</td><td>Erzählung nach Lukas 23,26–49 und Matthäus 27,45–55.

⇒ Sucht euch eine passende Farbe. Erklärt, warum diese Farbe zu eurer Personengruppe passt und was das Kreuz für sie bedeutet.
⇒ Tauscht euch aus.

Alternativ:
⇒ Lest den Text und unterstreicht alle Personen(gruppen) im Text.
Welche Wörter passen zu eurer Personengruppe?
<table><tr><td>Sterben</td><td>Vergebung</td></tr><tr><td>Leid</td><td>Last</td></tr><tr><td>Wut</td><td>Hoffnung</td></tr><tr><td>Ungerechtigkeit</td><td>Rettung</td></tr><tr><td>Glaube</td><td>Alltag</td></tr></table>
TA:
Für die Menschen zur Zeit Jesu bedeutete das Kreuz …</td><td>M 1b Erzählung

Tücher in verschiedenen Farben</td></tr>
</table>

Theologisieren ☺☺☺☺	Im 5. Jh. wurde das Kreuz zum (Erkennungs-)Zeichen für alle Christen. ⇒ Ist das Kreuz als christliches Zeichen der Christen gut gewählt? *Theologisieren* Im Gesprächskreis theologisieren die SuS zu dieser Fragestellung. Eventuell **M 1c** als Impuls.	**M 1c** (als Impuls)
Vertiefung ☺	*Das Kreuz erinnert an mehr, als nur den Tod Jesu. Ihr findet im Klassenzimmer 5 Plakate.* **M 2–M 6**: ⇒ Lest die Plakate durch. ⇒ Ergänzt ggf. eine eigene Deutung **M 6**. ⇒ Malt ein Stück des Kreuzes mit der für euch passenden Farbe an. ⇒ Stellt euch zu der Deutung, die für euch am besten passt. ⇒ Stellt euch zu der Deutung, die für euch schwierig ist.	**M 2–M 6** Plakate Farbstifte
☺	**M 7** lesen. Eigene Deutung formulieren. Eigene Deutung farblich markieren. Drei wichtige Wörter unterstreichen. *Die eigene Deutung des Kreuzes kann man formulieren, man kann sie auch in einem Bild oder einer Skulptur darstellen.*	**M 7** AB Das Kreuz – mögliche Bedeutungen
☺☺☺☺	Bildbetrachtung: „Kreuzigung“ von Joseph Beuys **M 8**, S. 113 ⇒ Was sehe ich? ⇒ Was (könnte) es bedeuten? Alternativ können auch verschiedene Kreuzesdarstellungen betrachtet werden.	Bildbetrachtung: „Kreuzigung“ von Joseph Beuys → farbige Abbildung S. 113
Weiterarbeit *Differenzierung* ☺ ☆	Gestalte ein Kreuz. Bringt, dazu Materialien in die nächste Stunde mit. Gestaltet ein Kreuz mit Jackson Farben, bunten Bügelperlen, Knete, Wolle … Die SuS präsentieren ihre Ergebnisse. Unter www.calwer.com finden Sie beim Titel / Zusatzmaterialien ein paar Schülerergebnisse als Ideengeber.	
☆☆	Beschäftigt euch mit der Biografie und der Kreuzigungsdarstellung von Joseph Beuys **M 9**.	**M 9** „Kreuzigung“ / Biografie

M 1a

Das Kreuz und seine unterschiedlichen Bedeutungen

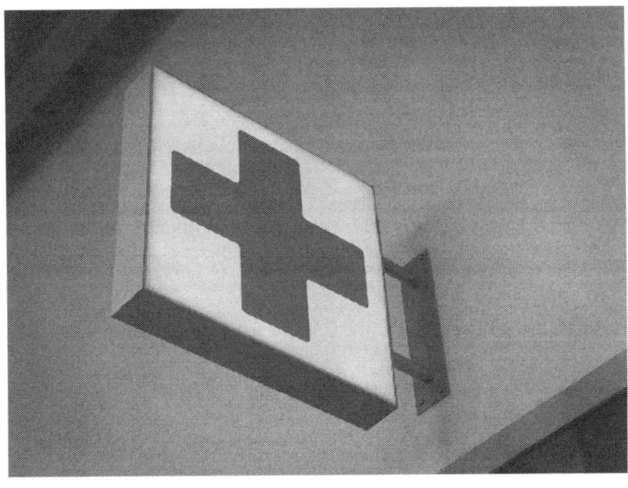

Aufgabe:
Schreibe auf, was das Kreuz in der jeweiligen Situation bedeutet.

M 1b Kreuzigung

„Jetzt reicht's, hört auf, sonst stirbt er uns noch vorher!" Die Soldaten ließen von Jesus ab.
Nachdem Jesus vom Hohen Rat und dem römischen Statthalter Pilatus zum Tode verurteilt wurde, haben die Soldaten ihn übel zugerichtet. Römische Soldaten durften mit einem Gefangenen anstellen, was sie wollten. Sie verspotteten Jesus als König, setzten ihm eine Dornenkrone auf und zogen ihm einen roten Mantel an.
Jesus war bereits am Ende seiner Kräfte. Da brachten sie ihm einen Holzbalken, den Querbalken des Kreuzes. „Los, trag ihn!", befahlen sie. Mit dem Balken auf der Schulter musste Jesus durch Jerusalem hinauf nach Golgatha, dem Hinrichtungsplatz, gehen. Alle sollten sehen, was hier mit Verbrechern geschieht.
Nur langsam kam Jesus voran. Mitten auf dem Weg brach Jesus zusammen. Die Soldaten schlugen auf ihn ein. „Vorwärts, heb dein Kreuz auf!" Doch Jesus konnte nicht mehr.

Simon von Kyrene
Wer half Jesus, das Kreuz zu tragen? Keiner seiner Jünger war da. Aus Angst hatten sie sich alle versteckt. Da packten die Soldaten einen Mann, der geradewegs die Straße hinab kam. Es war Simon aus Kyrene (im Libanon). „Hey du, trag das Kreuz!" Simon hatte keine andere Chance. Er schleppte das Kreuz zum Hinrichtungsplatz.

Kreuzigung
Dort angekommen warfen sie Jesus auf den Boden und zogen ihm die Kleider aus. Dann begannen sie, Jesus die Arme festzunageln. Anschließend wurde der Querbalken auf den schon senkrecht stehenden Balken gezogen und die Beine angenagelt. Jesus begann zu beten: „Vater, vergib ihnen, denn sie wissen nicht, was sie tun."
Nachdem sie ihre grausame Tat vollbracht hatten, brachten sie oben am Kreuz einen Titulus, eine Überschrift, an. In drei Sprachen stand dort: Name, Geburtsort und Todesurteil.
INRI: Jesus von Nazareth Rex Judaium. König der Juden!
Neben Jesus wurden noch zwei weitere Männer gekreuzigt.

Menschen am Kreuz
Neugierig standen viele Leute am Kreuz und sahen alles mit an. Andere gingen entsetzt vorbei. Manche machten sich lustig. „Er hat gesagt, er ist der Sohn Gottes. Warum hilft ihm Gott nicht? Anderen hat er geholfen, aber sich selbst kann er nicht helfen."
Auch einer der beiden Männer, die mit Jesus gekreuzigt wurden, stimmte in den Spott mit ein: „Wenn du Gottes Sohn bist, dann kannst du doch alles. Los, steig' vom Kreuz herunter und hilf auch uns." Aber der andere wies ihn zurecht. „Ach, sei doch still. Du hast deine Strafe verdient. Aber er hat nichts Unrechtes getan. Jesus, denke an mich, wenn du in dein Reich kommst."
Da antwortete Jesus: „Noch heute wirst du mit mir im Paradies sein."
Die Soldaten blieben am Hinrichtungsort. Sie mussten das Kreuz bewachen, damit keiner von den Gekreuzigten befreit wurde.
„Werft mal die Kleider rüber!", sagte einer der Soldaten. „Es sind keine schlechten Sachen dabei. Wir würfeln darum, wer sie bekommt."

Jesus stirbt
Einige Stunden hing Jesus am Kreuz und litt. Um die Mittagszeit begann Jesus zu beten. Er schrie: „Mein Gott, mein Gott, warum hast du mich verlassen?" Ein Soldat kam und brachte Jesus einen Schwamm mit Essig und Wein. Es sollte ein wenig die Schmerzen lindern. Jesus nahm davon. Dann rief er: „Es ist vollbracht!" und verstarb.
Gegenüber dem Kreuz stand ein römischer Hauptmann, der dafür sorgen musste, dass die Hinrichtung ordnungsgemäß vollzogen wurde. Er hatte alles mitangehört und angesehen. Als er sah, wie Jesus starb, sagte er: „Wahrhaftig, dieser Mensch ist Gottes Sohn."

Maria, die Mutter Jesu und andere Frauen waren Jesus gefolgt. Nun sahen sie ihn sterben. Sie konnten es nicht fassen. „Warum lässt Gott das zu?" *(nach Lukas 23,26–49 und Matthäus 27,45–55)*

Jesu Zeichen ist noch vor dem Kreuz
die Sandale.
Er geht zu den Menschen hin,
geht ihnen nach,
bis in die Häuser hinein.

Heinz Zahrnt

M 2

Nachdem Jesus von den römischen Soldaten brutal ans Kreuz geschlagen wird, bittet er:

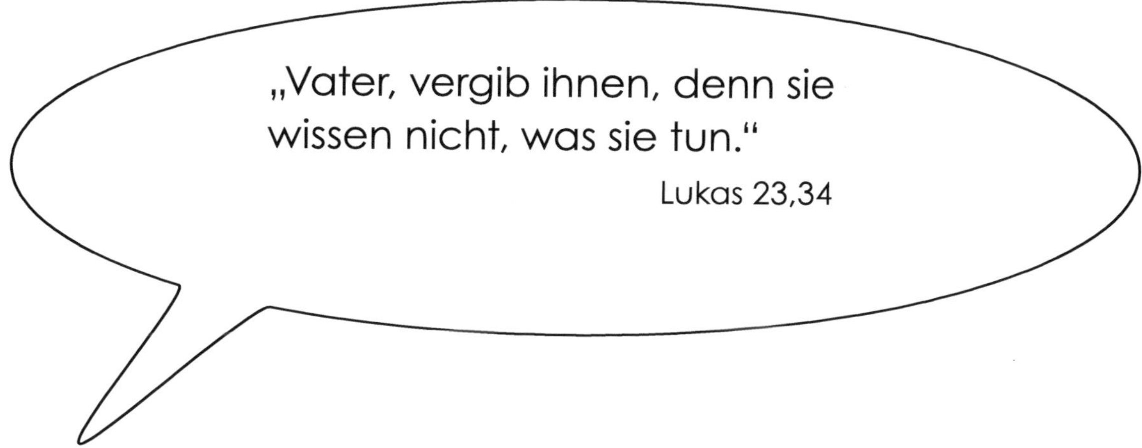

Jesus lebt, was er gepredigt hat. Bis zu seinem Tod lebt er die Nächstenliebe.

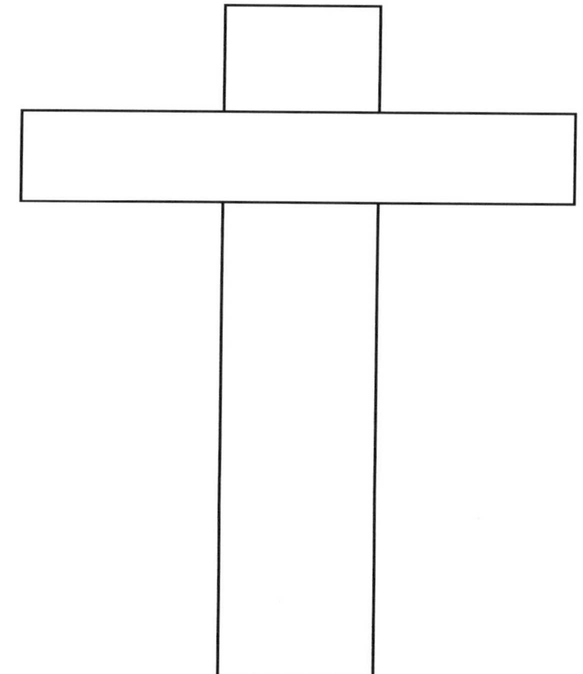

Das Kreuz ist das Symbol für die christliche Nächstenliebe und die Feindesliebe.

M 3

Jesus schreit in seiner größten Not am Kreuz:

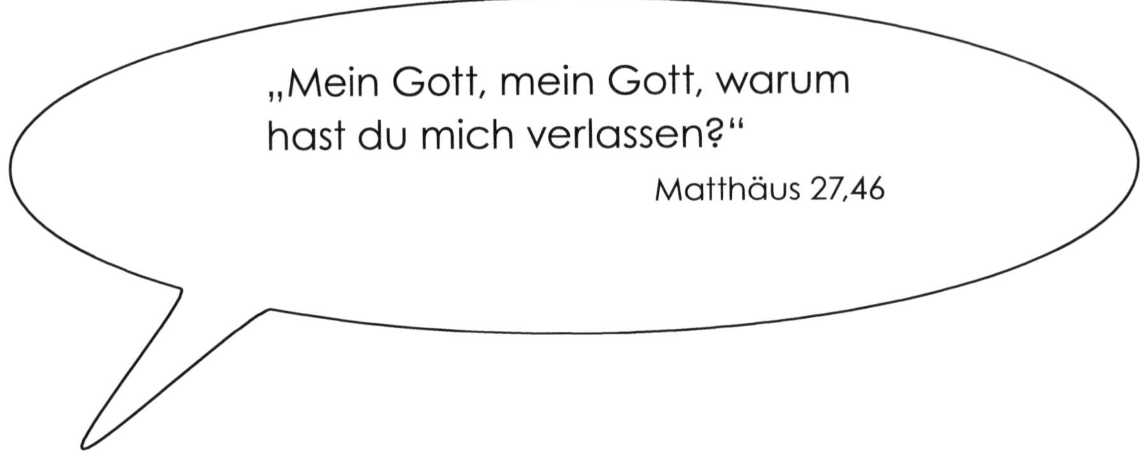

Vielleicht hast du das auch schon mal gedacht?
Doch die Auferstehung an Ostern zeigt uns Christen, dass Gott auch in dieser schlimmen Zeit bei Jesus war.
Er ließ ihn auferstehen.

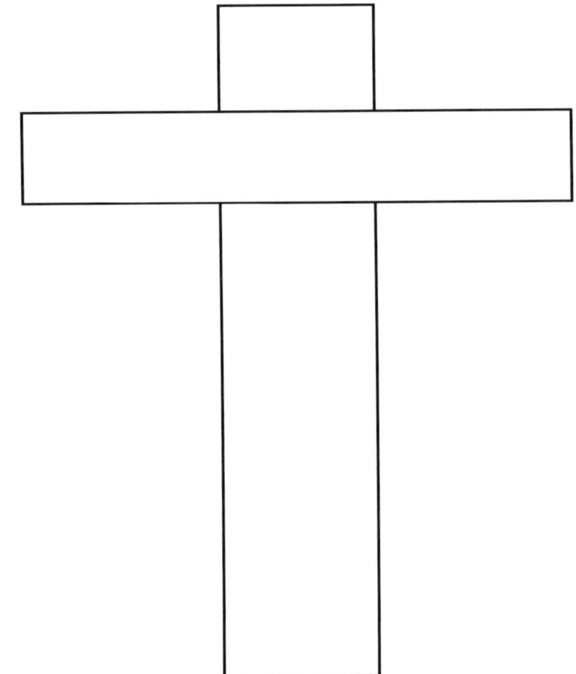

Das Kreuz ist das Symbol, dass wir auch in der größten Not von Gott nicht verlassen sind.

M 4

Pilatus, der Jesus verhörte, sagte:

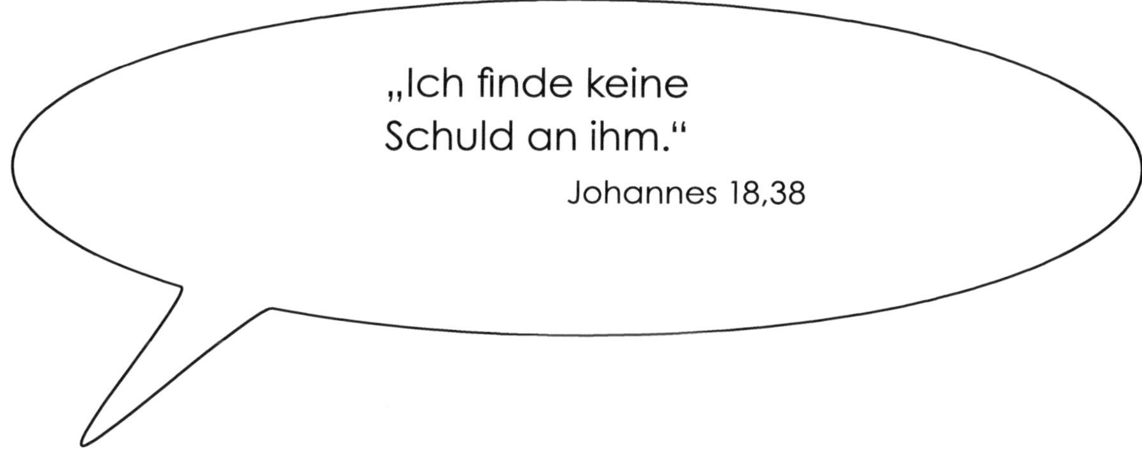

Das Kreuz ist ein Symbol dafür, dass unschuldige Menschen leiden. Unschuldiges Leid ist Teil unserer Welt.

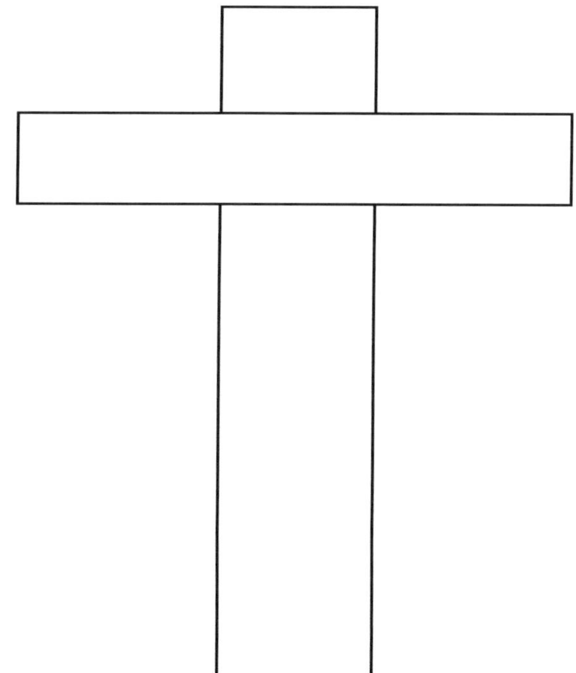

Das Kreuz ist das Symbol, dass Menschen unschuldig leiden. Das Kreuz fordert uns auf, etwas dagegen zu tun.

M 5

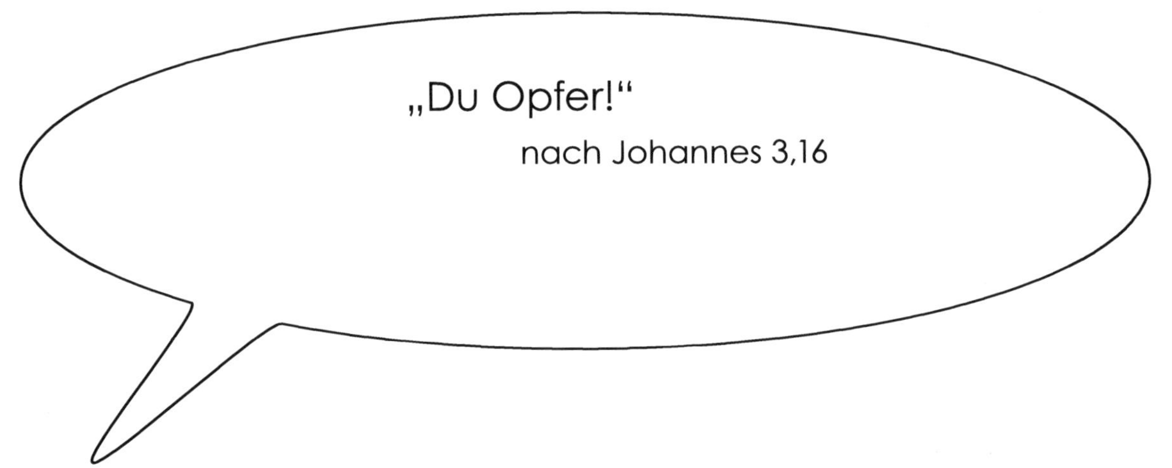

Hast du das schon mal zu jemandem gesagt?
Jesus war ein Opfer. Kannst du dir das vorstellen? Allerdings ist das nicht negativ gemeint. Nach Ostern wurde den Jüngern immer deutlicher: Jesus musste sterben. Er starb am Passahfest, wie das Passahlamm. Er hat sein Leben geopfert und dadurch Menschen gerettet. Nicht vor dem Tod, aber aus der Schuld. So ist Vergebung möglich.

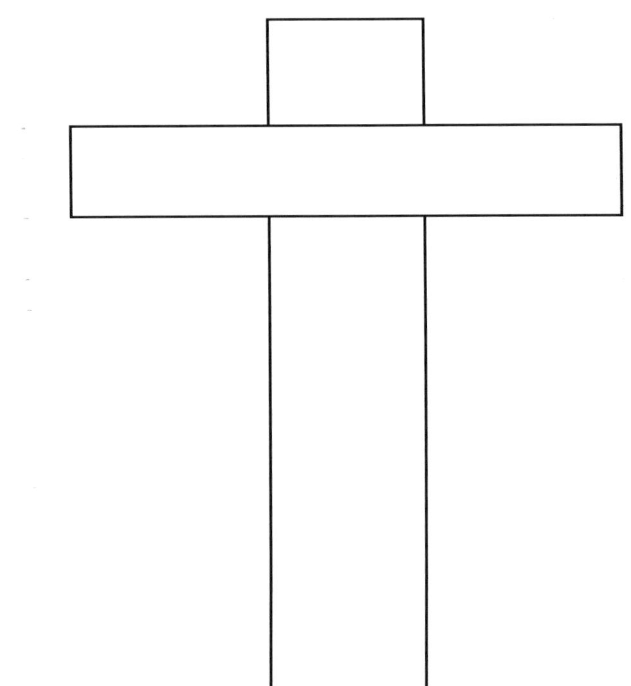

Das Kreuz ist das Symbol,
dass Jesus sich für die Menschen aufopfert.

M 6

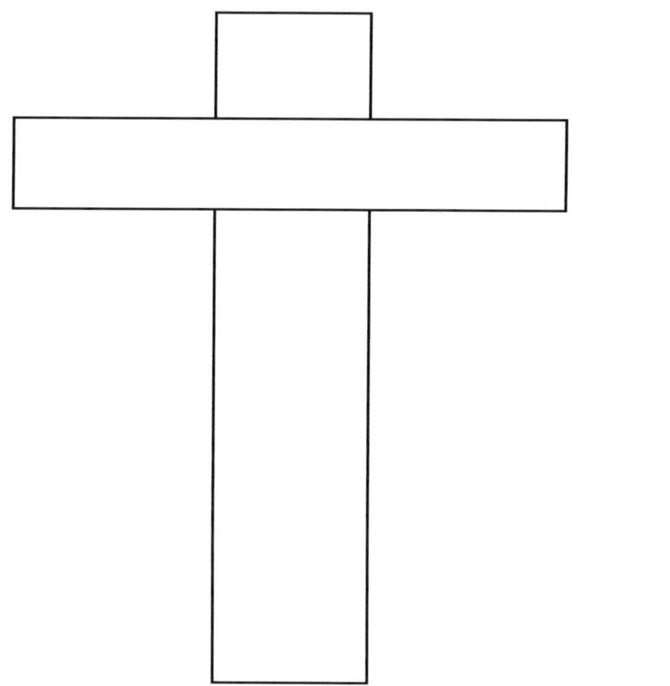

Das Kreuz ist ein Symbol für …

M 7

Die Sache mit dem Kreuz – mögliche Bedeutungen

Nachdem Jesus von den römischen Soldaten brutal ans Kreuz geschlagen wird, bittet er: „*Vergib ihnen, denn sie wissen nicht, was sie tun.*“ Jesus lebt, was er gepredigt hat. Bis zu seinem Tod lebt er die Nächstenliebe. Das Kreuz ist das Symbol für die christliche Nächstenliebe und die Feindesliebe.

„Vergib ihnen, denn sie wissen nicht, was sie tun.“ (Lukas 23,34)

Jesus schreit in seiner größten Not am Kreuz: „*Mein Gott, mein Gott, warum hast du mich verlassen?*“
Vielleicht hast du das auch schon mal gedacht? Doch die Auferstehung an Ostern zeigt uns Christen, dass Gott auch in dieser schlimmen Zeit bei Jesus war. Er ließ ihn auferstehen. Das Kreuz ist das Symbol, dass wir auch in der größten Not von Gott nicht verlassen sind.

„Mein Gott, mein Gott, warum hast du mich verlassen?“ (Matthäus 27,46)

Pilatus, der Jesus verhörte, sagte: „*Ich finde keine Schuld an ihm.*“
Unschuldiges Leid ist Teil unserer Welt.
Das Kreuz ist das Symbol, dass unschuldige Menschen leiden. Das Kreuz fordert uns auf, etwas dagegen zu tun.

„Ich finde keine Schuld an ihm.“ (Johannes 18,38)

„*Du Opfer!*“ Hast du das schon mal zu jemandem gesagt? Jesus war ein Opfer. Kannst du dir das vorstellen? Allerdings ist das nicht negativ gemeint. Nach Ostern wurde den Jüngern immer deutlicher: Jesus musste sterben. Er starb am Passahfest, wie das Passahlamm. Er hat sein Leben geopfert und dadurch Menschen gerettet. Nicht vor dem Tod, aber aus der Schuld. So ist Vergebung möglich.
Das Kreuz ist das Symbol, dass Jesus sich für die Menschen aufopfert.

„Du Opfer!“ (nach Johannes 3,16)

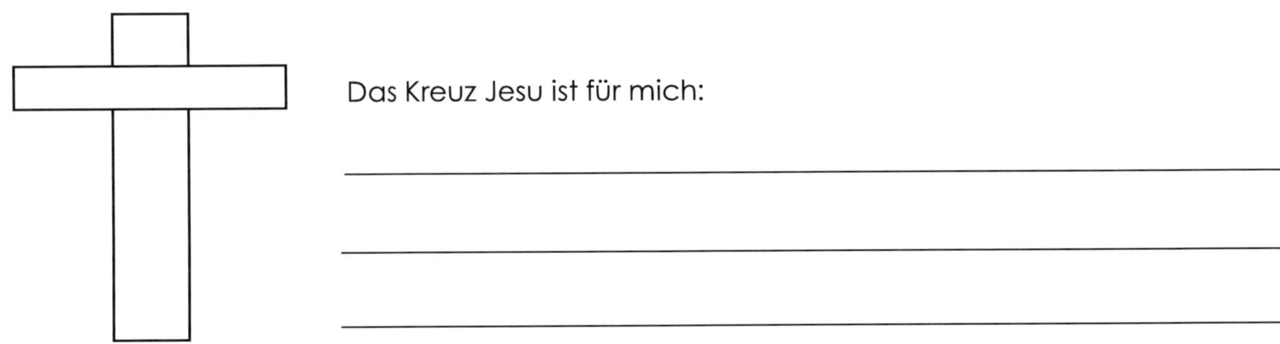

Das Kreuz Jesu ist für mich:

____

____

____

Aufgaben:

☆ 1. Lies die Deutungen durch.
2. Markiere zwei Sätze, die dir wichtig sind.
☆☆ 3. Formuliere nochmals in deinen eigenen Worten, was dir das Kreuz bedeutet.

M 8

Die Kreuzigung von Joseph Beuys 

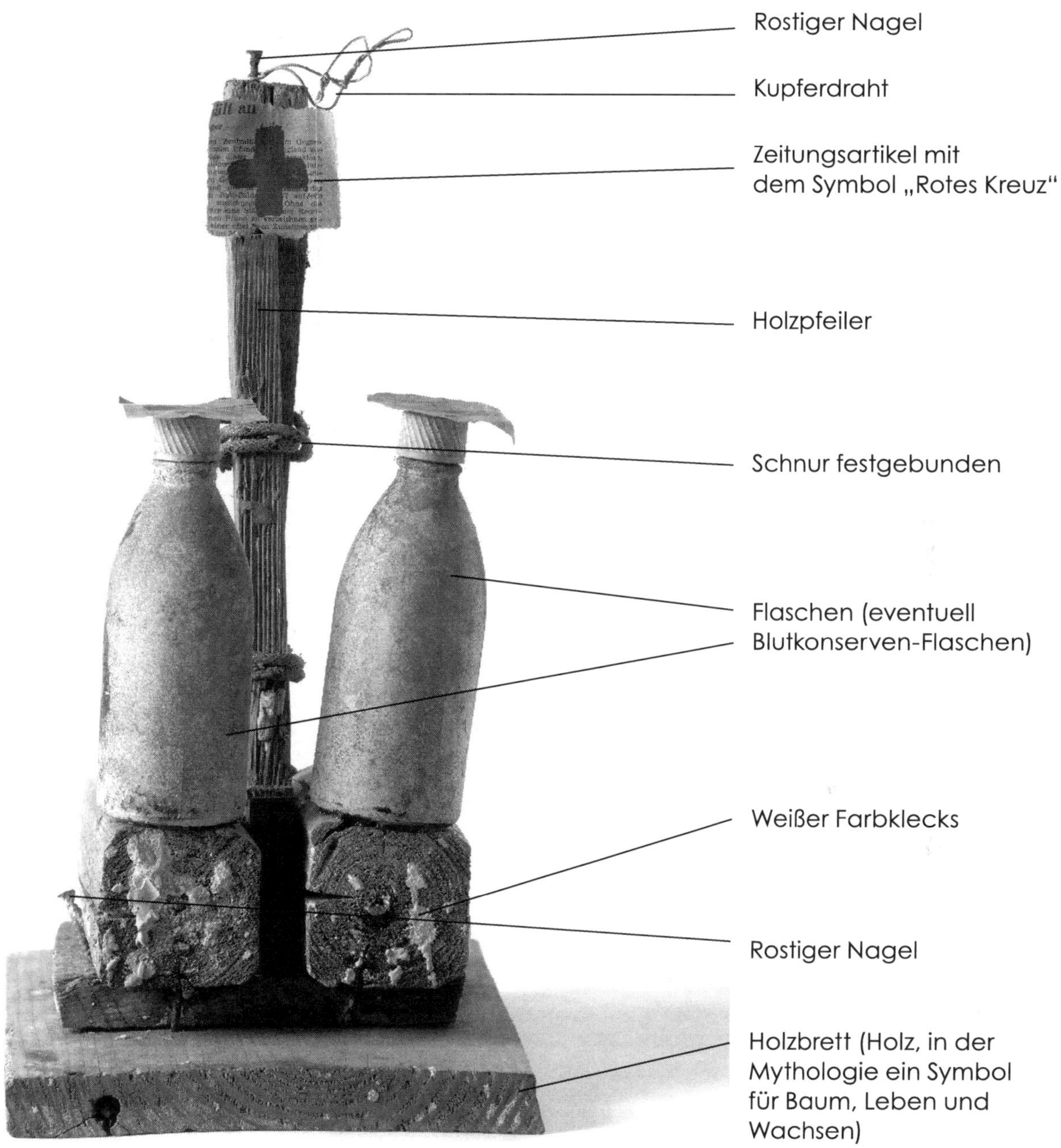

Rostiger Nagel

Kupferdraht

Zeitungsartikel mit
dem Symbol „Rotes Kreuz"

Holzpfeiler

Schnur festgebunden

Flaschen (eventuell
Blutkonserven-Flaschen)

Weißer Farbklecks

Rostiger Nagel

Holzbrett (Holz, in der
Mythologie ein Symbol
für Baum, Leben und
Wachsen)

Aufgaben:

1. Beim genaueren Betrachten kann man auf der Darstellung vieles entdecken.
2. Worauf könnten die einzelnen Elemente hinweisen?
3. Lest euch die Biografie von Joseph Beuys durch.
4. Schaut euch folgendes Video zur Kreuzigungsdarstellung von Joseph Beuys an. www.youtube.com → Kunst und Botschaft – Kreuzigung 1962/63 (6:34 Min.)
5. Versucht zu formulieren, was Joseph Beuys das Kreuz bedeutet.
6. Präsentiert euren Mitschülern die Plastik von Beuys in Form einer Kunstführung.

M 9

Kurz-Biografie: Joseph Beuys

Joseph Beuys ist 1921 in Krefeld geboren. Seine Eltern waren stranggläubige katholische Christen. Er machte 1941, mitten im zweiten Weltkrieg, sein Abitur. Anschließend wurde er zum Militärdienst einberufen und zum Kampfflieger ausgebildet. Er wurde im Süden Russlands in einer Sturzkampfflieger-Truppe eingesetzt. Bei einem Einsatz wurde sein Flugzeug abgeschossen. Er konnte mitten im Winter in der russischen Steppe notlanden. Schwerverletzt wurde er von einem Nomaden-Volk, den Tartaren, mit Fett gepflegt und in Filztücher gewickelt. So überlebte er das Unglück. Dieses Ereignis nannte er später „seine 2. Geburt, seine Geburt als Künstler." Fett und Filz findet sich in vielen seiner Kunstwerke wieder. Nach Ende des Krieges, 1947, beginnt Joseph Beuys Bildhauerei an der Kunstakademie in Düsseldorf zu studieren. 1961 wird er zum Professor für monumentale Bildhauerei an der Düsseldorfer Kunstakademie. 1972 wird Beuys entlassen, weil er alle Studenten (auch die abgewiesenen) in seine Vorlesungen zulässt, da er jedem den Zugang zum Kunststudium ermöglichen möchte.
Joseph Beuys stirbt 1986 in Düsseldorf.

Die Auseinandersetzung mit christlichen Symbolen ist Teil seiner Kunst. Drei unterschiedliche Kreuzesdarstellungen von Beuys sind bekannt. Ein Sonnenkreuz aus Bronze (1947), ein schlichtes Holzkreuz „Symbol der Erlösung" von 1949/50 und die Plastik „Kreuzigung", die 1962/63 entstanden ist und in der Stuttgarter Staatsgalerie zu sehen ist.

Aufgaben:

1. Lies den Text.
2. Schau dir folgendes Video zur Kreuzigungsdarstellung von Joseph Beuys an:
   www.youtube.com → Kunst und Botschaft – Kreuzigung 1962/63 (6:34 Min.)

Baustein 10: Die Auferstehung

Spuren der Auferstehung entdecken

„Während bei der Kreuzigung die (…) historische Faktizität des Ereignisses außer Frage steht und sich in der Theologie eher um die Deutungsmöglichkeiten gestritten wird, ist es bei der Auferstehung umgekehrt: Was sie bedeutet, scheint klar zu sein, inwiefern sie ein ‚Faktum' war, dagegen umstritten." (U. Link-Wieczorekk/I.Weiland)
Die Auferstehung Jesu ist zentral für das Verständnis des christlichen Glaubens. Sie gilt als Voraussetzung für die Auferstehung der Toten. Ebenso begründet sich in ihr die bleibende Anwesenheit Jesu, sowie seine Gottessohnschaft. Mit der Auferstehungsbotschaft erhält der Tod seine Vorläufigkeit, das Leben siegt über den Tod. Dabei ist die Auferstehung keine Verlängerung des Lebens im Sinne einer Reinkarnation. Auferstehung bedeutet Neuschöpfung und Verwandlung. Gerade dieser Aspekt zeigt sich in den Glaubenserzählungen der Evangelien deutlich. Diese beschreiben die Begegnung mit dem Auferstandenen nicht im Sinne von „sehen", sondern „erscheinen". In diesem Sinne reiht sich auch der Apostel Paulus in die Aufzählung der Auferstehungszeugen ein, dem Jesus erschienen ist (1. Kor 15).
Bekannt im Credo, gefeiert im zweitägigen Osterfest, angekündigt durch eine Vielzahl von Bräuchen, ist die Botschaft der Auferstehung auch in der religiösen Praxis, wie im Kirchenjahr fester Bestandteil. In der katholischen Kirche gilt Ostern als höchster Feiertag. Dennoch bleibt die Osterbotschaft meist hinter dem Weihnachtsfest und seiner Botschaft zurück. Und dies, obwohl gerade die Frage des postmortalen Weiterlebens eine existenzielle und jeden Menschen betreffende Frage ist. Was theologisch als Zusammenhang gesehen wird, stellt in der Glaubenspraxis zunächst zwei voneinander getrennte Themen dar. Mit der Osterbotschaft wird häufig nur die Auferstehung Jesu in Verbindung gebracht. Die Bedeutung für das eigene Leben und Sterben bleibt davon in der Regel unberührt. Dies, sowie die Schwierigkeit im Umgang mit Wundererzählungen generell, macht die Osterbotschaft für SuS einerseits interessant, andererseits in ihrem Verständnis schwierig.
Baustein 10 beginnt mit der Frage „Was kommt nach dem Tod?". Die Einstiegsfrage versucht die Auferstehung Jesu in das Bewusstsein eigener Sterblichkeit und der Frage nach dem Weiterleben zu stellen. Die SuS formulieren eigene Vorstellungen, alternativ können andere kreative Zugänge (Zeichnungen, symbolische Darstellung) gewählt werden. Zusammenfassend werden die Vorstellungen mit Hilfe von Satzzeichen (.,!?) gebündelt. Die Frage dient schließlich auch als Überleitung. „Was kommt nach Jesu Tod?", vor diese Frage sahen sich die Jünger gestellt. Die SuS hören oder lesen die Erzählung aus Lk 24,1–9 und 13–35 (**M 2**) in knapper Zusammenfassung. Mit Hilfe der Satzzeichen ordnen die SuS die Erfahrungen der Frauen und Jünger ein. Da die Verse 11 und 12 in der Erzählung fehlen, erarbeiten die SuS anschließend die Reaktionsweisen der Jünger, mit Hilfe einer Textarbeit (**M 3/M 4**) und stellen die Ergebnisse in einem Standbild dar. Die unterschiedlichen Reaktionsweisen der Jünger dienen den SuS als Vorlage, ihre eigene Haltung zur Auferstehung zu formulieren. An dieser Stelle sollte den SuS genügend Raum gegeben werden, ihre eigene Position zu formulieren und zu begründen. So kann im weiteren Stundenverlauf auf Fragen, Zweifel und Anmerkungen der SuS eingegangen werden. An verschiedenen Stationen (**M 5–M 10**) haben die SuS nun die Möglichkeit, sich mit Symbolen und Texten der Auferstehung zu beschäftigen und sich mit Deutungen der Auferstehungsbotschaft auseinanderzusetzen, sowie die eigene Position zu überdenken. Die Differenzierung erfolgt durch verschiedene Zugänge. Dabei muss je nach Klassensituation entschieden werden, ob sich die SuS mit einer, mehreren oder allen Stationen beschäftigen.
Für die Auswahl der eigenen Zugangsweise ist eine ausführliche Einführung und Erklärung der Stationen im Vorfeld notwendig.
In Form einer Präsentation, entweder innerhalb der Arbeitsgruppe oder vor der Klasse, können die Ergebnisse vorgestellt werden. Da diese Phase sehr individuell gestaltet ist, ist auch das Einsammeln der Ergebnisse und die Bewertung im Sinne einer Wertschätzung durch die Lehrkraft möglich.

Kompetenz
3.2.5 Die SuS können sich mit Deutungen von Kreuz und Auferstehung auseinandersetzen.

Materialien
M 1: Bild: Kreuz
M 2: Erzählung: Jesu Auferstehung (Lk 24,1–9 und 13–35)
M 3: Arbeitsblatt für die GA
M 4: Arbeitsblatt für die EA
M 5: Bilder für die Auferstehung (Station 1)
M 6: Arbeitsblatt: Auferstehung Jesu ist für mich … (Station 1)
M 7: Paulus beschreibt die Auferstehung in der Bibel (Station 2)
M 8: Rose von Jericho (Station 3)
M 9: Auferstehung mitten im Leben (Station 4)
M 10: Auferstehung ist Verwandlung (Station 5)

Einstieg	⇒ Schwarzes Tuch und das Kreuz-Bild **M 1** wird in die Mitte des Stuhlkreises gelegt.	Schwarzes Tuch **M 1** Bild
☺	TA: Was kommt nach dem Tod?	
☺☺	⇒ Schreibt eine Antwort. ⇒ Tausche dich mit deinem Arbeitspartner aus. ⇒ Ordnet eure Antworten den Satzzeichen zu: **?** Ein Fragezeichen – Wir wissen nicht was kommt. **.** Ein Punkt – Mit dem Tod ist alles aus. **,** Ein Komma – Das Leben geht weiter. **:** Ein Doppelpunkt – Das Leben geht in anderer Form weiter.	
Überleitung	Lehrer-Impuls: *Auch die Jünger stellten sich diese Frage:* *Was kommt nach Jesu Tod? Ist jetzt alles vorbei?* *Traurig und betrübt saßen sie beieinander.* ⇒ Pappteller austeilen. *Einige Frauen hielten das nicht mehr aus. Sie machten sich auf den Weg zum Grab.*	Pappteller (aus Baustein 4)
Erzählung/ Textarbeit Erarbeitung ☺	Lukas 24,1–9 und 13–35 **M 2** Welchem Satzzeichen lassen sich die Erfahrungen der Frauen und Jünger zuordnen? *„Der Herr ist auferstanden, er ist wahrhaftig auferstanden!“* ⇒ Wie haben die Jünger auf die Botschaft reagiert? ⇒ SuS lassen „ihren“ Jünger sprechen.	**M 2** Erzählung
☺☺☺☺ Gruppenarbeit	Die SuS erhalten Arbeitsblätter **M 3** für die Gruppenarbeit. ⇒ Lest in der Bibel nach, wie die Jünger auf die Botschaft reagiert haben. ⇒ Stellt eure Szene als Standbild dar. ⇒ Ihr könnt die Standbilder fotografieren und euch gemeinsam ansehen. ⇒ In welcher Szene würdet ihr euch wiederfinden? Begründet eure Antwort. (Raum für Zweifel, Fragen, Aussagen … lassen)	**M 3** Arbeitsblätter Bibeln alternativ **M 4**

	Lösung: Wie reagieren die Jünger auf die Auferstehung? **Lukas 24,9–12** Sie hielten es für Weibergeschwätz. Sie glaubten dem Bericht der Frauen nicht. Petrus wunderte sich. **Matthäus 28,17** Sie fielen nieder. Einige zweifelten. **Lukas 24,36–37** Sie erschraken und dachten, sie würden einen Geist sehen. **Johannes 20,19–20.25.29** Als sie Jesus sahen wurden sie froh. Thomas sagt, wenn er keine Beweise hat, kann er es nicht glauben. Thomas glaubt, nachdem er Jesus gesehen hat. *Zusammenfassung:* Die Botschaft der Auferstehung ist nicht einfach zu verstehen. Spuren in der Kunst, Natur, Musik … können uns dabei helfen. Macht euch auf den Weg, wie die Frauen. An fünf Stationen **M 5–M 10** könnt ihr Spuren der Osterbotschaft entdecken.	
☺☺☺☺ Weiterarbeit *Differenzierung durch verschiedene Zugänge*	*Methode: Stationenarbeit* Station 1: 1. Welche Bilder gehören zusammen? Finde die Paare. 2. Welches Bild drückt für dich „Auferstehung“ aus? Warum? 3. Klebe die Bilder auf das Arbeitsblatt und begründe deine Wahl.	**M 5** Bilder **M 6** Arbeitsblatt
	Station 2: Lest den Text (1. Korinther 15). Aufgabe: Pflanzt Kressesamen in einen Blumentopf.	**M 7** Text und Aktion: Kressesamen säen
	Station 3: Youtube-Film: Rose von Jericho	**M 8** Youtube-Film
	Station 4: Hör dir das Lied „Manchmal feiern wir mitten am Tag“ an. Lies den Text durch. Schreibe eine neue Strophe: Manchmal feiern wir mitten ____________ ein Fest der Auferstehung. ____________ werden ____________ und eine ____________ ist da!	**M 9** Lied
	Station 5: Lege die Jona-Geschichte in die richtige Reihenfolge. Jona ist nach den drei Tagen im Fischbauch wie ausgewechselt. Auferstehung steht für Verwandlung. Jemand kehrt verwandelt zurück? Vielleicht hast du so etwas auch schon erlebt? Schreibe eine eigene Geschichte darüber.	**M 10** Jona-Geschichte

M 1

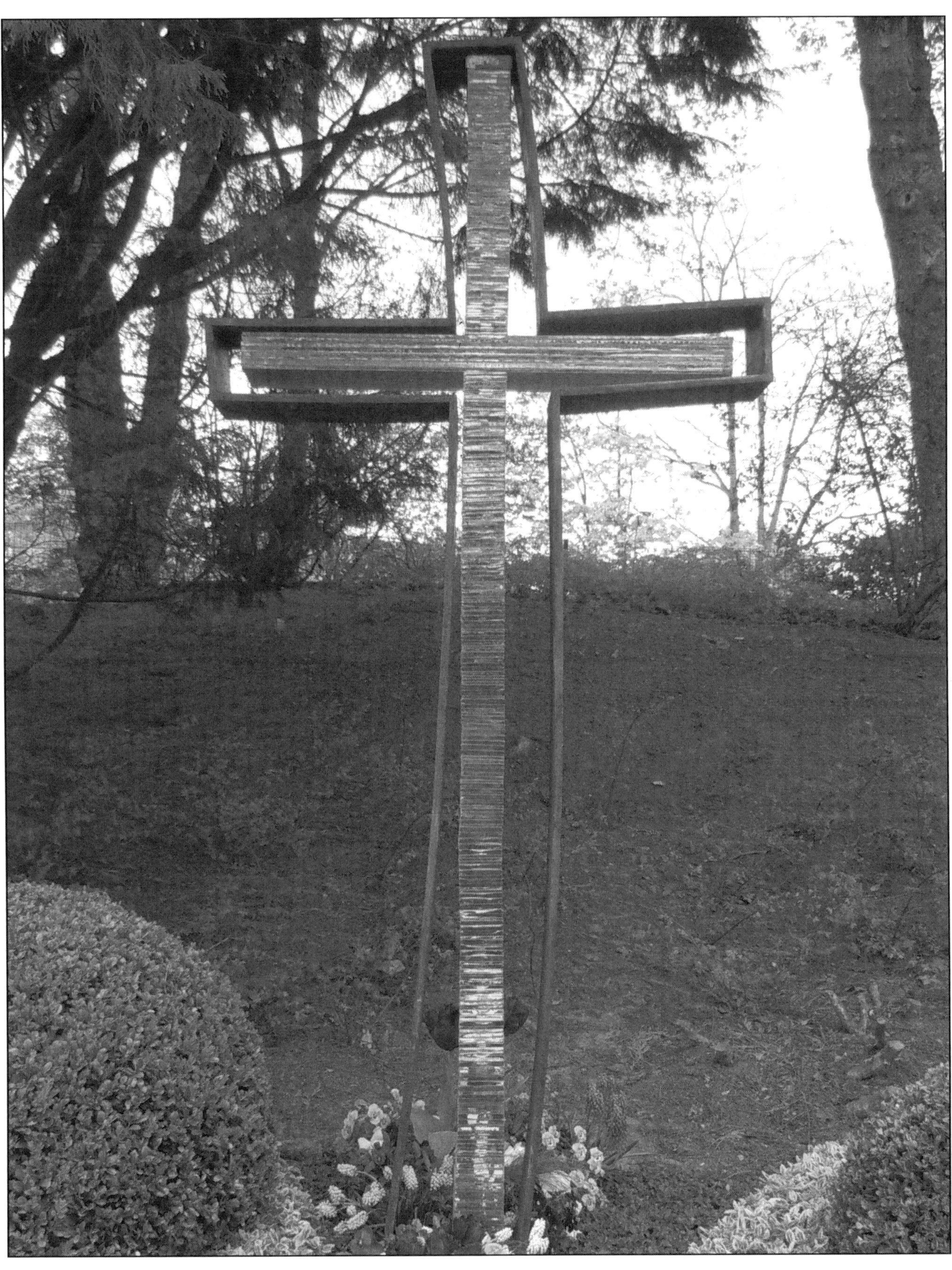

M 2

Jesu Auferstehung

„Wie konnte das nur alles geschehen? Jesus tot? Was hat er Schlimmes getan?" Maria aus Magdala und ihre Freundin Maria konnten es noch immer nicht begreifen. War Jesus nicht der erhoffte Retter? Hatten sie sich in ihm getäuscht? Wenigstens wollten sie Jesus noch einen letzten Dienst erweisen. Sie hatten kostbare Öle dabei, um Jesus damit zu salben. Das war damals ein üblicher Brauch, um sich von einem Toten zu verabschieden.
Ganz früh am ersten Tag der Woche, dem Sonntag, machten sie sich auf den Weg. Die Sonne ging gerade auf. Schon aus der Ferne sahen sie, dass etwas nicht stimmte. „Maria schau! Was ist mit dem Grabstein passiert?" „Tatsächlich! Das Grab ist nicht mehr verschlossen. Jemand hat sich daran zu schaffen gemacht."
Schnell liefen sie zur Grabhöhle und schauten hinein. Die Leintücher waren zusammengerollt. Der Platz, an dem Jesus gelegen hatte, war leer. Plötzlich traten zwei fremde Männer in weißen Gewändern zu ihnen. Die Frauen erschraken fürchterlich. Die Männer beruhigten sie: „Habt keine Angst! Ihr sucht Jesus, nicht wahr? Ihr sucht ihn am falschen Ort. Er ist nicht hier. Gott hat ihn auferweckt. Erinnert euch an die Worte Jesu."
Als die beiden Frauen wieder nach Jerusalem zurückgekehrt waren, erzählten sie den Jüngern davon: „Das Grab ist leer. Zwei Männer überbrachten uns die Botschaft. Gott hat Jesus auferweckt!"
Kurze Zeit später kamen zwei weitere Jünger, die sich auch auf den Weg gemacht hatten. „Stellt euch vor, auf unserem Weg ist uns Jesus erschienen! Es war seltsam und anders. Wir können es nicht richtig erklären. Aber wir sind sicher. Jesus ist auferstanden!"

(nach Lukas 24,1–9 und 13–35)

Gruppe 1: Wie reagieren die Jünger auf die Auferstehung?

Aufgaben:

1. Suche die Bibelstelle in deiner Bibel.
2. Lies den Text.
3. Wie haben die Jünger auf die Botschaft der Auferstehung reagiert? Schreibe es auf.
4. Stellt die Szene in einem Standbild dar.

Lukas 24,9–12

____

____

____

Gruppe 2: Wie reagieren die Jünger auf die Auferstehung?

Aufgaben:

1. Suche die Bibelstelle in deiner Bibel.
2. Lies den Text.
3. Wie haben die Jünger auf die Botschaft der Auferstehung reagiert? Schreibe es auf.
4. Stellt die Szene in einem Standbild dar.

Matthäus 28,17

____

____

____

Gruppe 3: Wie reagieren die Jünger auf die Auferstehung?

Aufgaben:

1. Suche die Bibelstelle in deiner Bibel.
2. Lies den Text.
3. Wie haben die Jünger auf die Botschaft der Auferstehung reagiert? Schreibe es auf.
4. Stellt die Szene in einem Standbild dar.

Lukas 24,36–37

____

____

____

Gruppe 4: Wie reagieren die Jünger auf die Auferstehung?

Aufgaben:

1. Suche die Bibelstelle in deiner Bibel.
2. Lies den Text.
3. Wie haben die Jünger auf die Botschaft der Auferstehung reagiert? Schreibe es auf.
4. Stellt die Szene in einem Standbild dar.

Johannes 20,19–20.25.29

____

____

____

M 4

Wie reagieren die Jünger auf die Auferstehung?

Lukas 24,9–12

____

____

____

Matthäus 28,17

____

____

Lukas 24,36–37

____

____

Johannes 20,19–20.25.29

____

____

____

Aufgaben:

1. Suche die Bibelstellen aus den vier Evangelien in deiner Bibel.
2. Lies den Text.
3. Wie haben die Jünger auf die Botschaft der Auferstehung reagiert? Schreibe es auf.

M 5

Station 1: Bilder für die Auferstehung

Aufgaben:

1. Finde die Paare.
2. Welches Bild drückt für dich „Auferstehung" aus? Warum? Begründe.
3. Suche dir ein Bilderpaar aus und klebe es auf dein Arbeitsblatt (M 6). Begründe deine Wahl in zwei Sätzen.

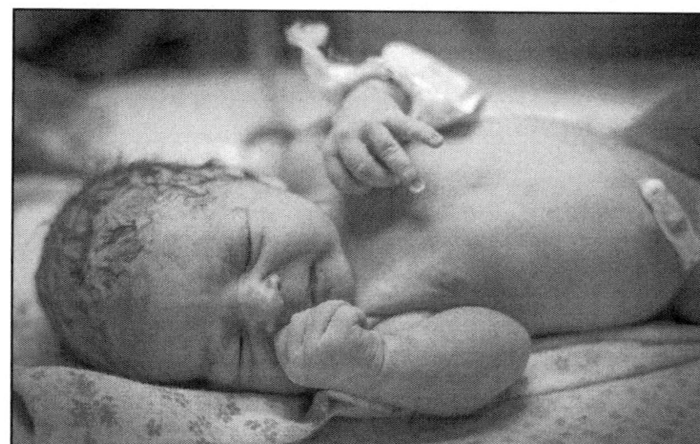

Station 1: Bilder für die Auferstehung

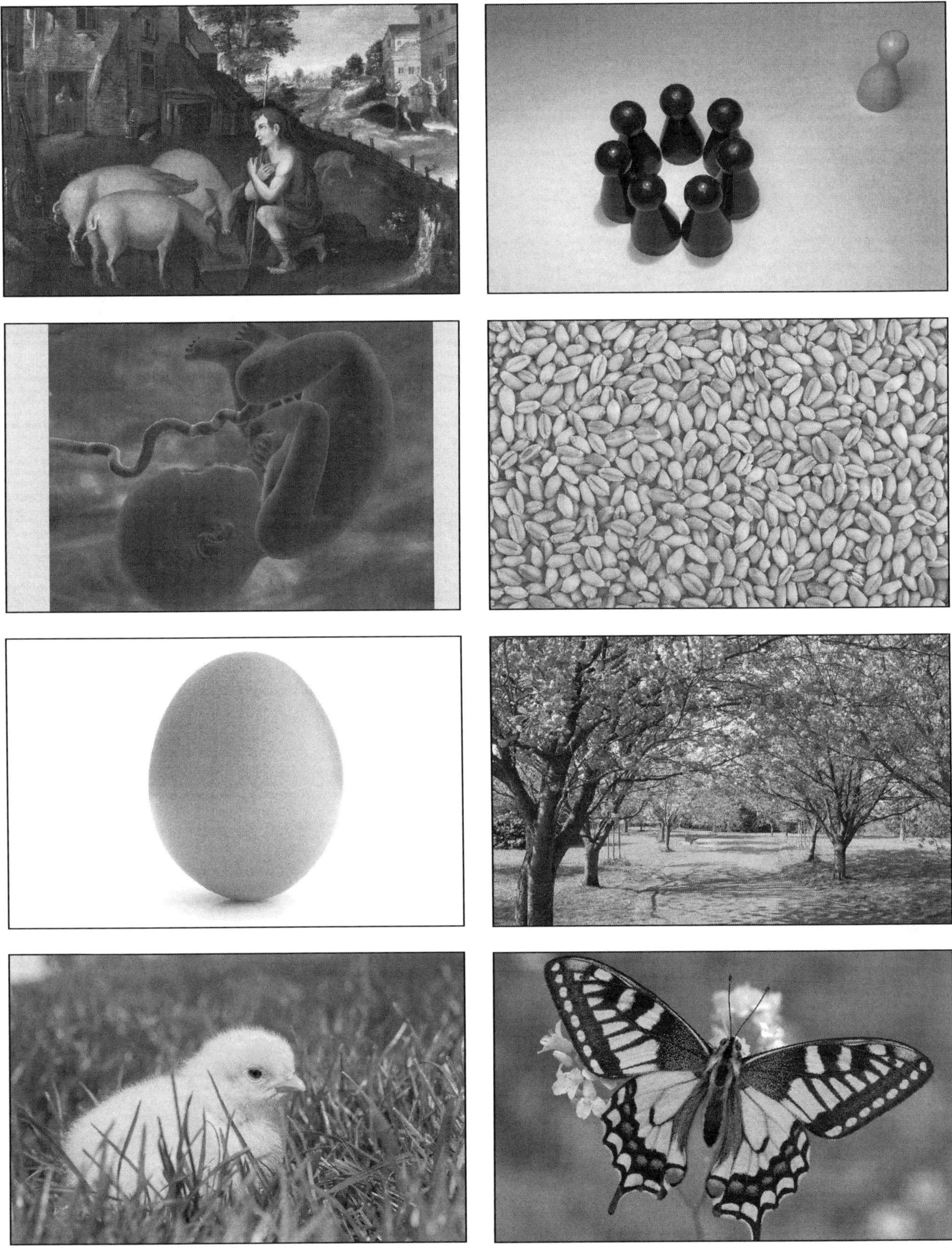

M 6

Station 1: Auferstehung Jesu ist für mich ...

Auferstehung Jesu ist für mich ...

weil ...

M 7

Station 2: Paulus beschreibt die Auferstehung in der Bibel

Aber vielleicht fragt jemand: Wie soll denn das zugehen, wenn die Toten auferweckt werden? Was für einen Körper werden sie dann haben?

Wenn du einen Samen **ausgesät** hast, muss er zuerst **sterben**, damit die Pflanze leben kann.

Gott aber gibt jedem Samen, wenn er keimt, ein Aussehen, das er für ihn bestimmt hat. Jede Samenart erhält ihre besondere Gestalt.

Auch die Lebewesen haben nicht alle ein und dieselbe Gestalt. Menschen haben eine andere Gestalt als Tiere, Vögel eine andere als Fische …

So könnt ihr euch auch ein Bild von der Auferstehung der Toten machen.

Was in die Erde gelegt wird, ist **vergänglich**;
aber was zum neuen Leben erweckt wird, ist **unvergänglich**.
Was in die Erde gelegt wird, ist **armselig**;
aber was zum neuen Leben erweckt wird, ist voll **Herrlichkeit**.
Was in die Erde gelegt wird, ist **schwach und unscheinbar**;
aber was zum neuen Leben erweckt wird, ist **voll Kraft**.

(1. Korinther 15)

Aufgaben:

1. Lies den Text.
2. Welches Bild aus der Natur verwendet Paulus, um die Auferstehung zu beschreiben?

   ____

3. Das sind Kressesamen. Schau sie dir genau an. Ist das Samenkorn schwach und unscheinbar? Gibt es andere Adjektive, mit denen du den Samen beschreiben könntest?
   Klebe ein Samenkorn auf.

4. Notiere in deinem Heft, wie Paulus die Ausgangsfrage beantwortet.
5. Säe Kressesamen und schaue nächste Woche nach.
   Was kannst du sehen? Beschreibe die Pflanze in deinem Heft und zeichne ein Bild dazu.

M 8

Station 3: Rose von Jericho

Die Rose von Jericho

In Blumenläden und Gärten hast du sicherlich schon viele Rosen gesehen. Vielleicht hast du auch am Valentinstag eine rote Rose geschenkt bekommen, dann kannst du dir sicher sein, dass dich jemand sehr mag.

An dieser Station findest du auch eine Rose. Ihr Name ist: Rose von Jericho. Diese vertrocknete und scheinbar tote Pflanze wird Rose genannt, weil in früheren Zeiten alle wertvollen Pflanzen als Rosen bezeichnet wurden. Vielleicht fragst du dich, was an dieser verdorrten Pflanze wertvoll ist? Es ist ihr „Auferstehungseffekt“. Um in besonders trockenen Gegenden zu überleben, kann die Pflanze nahezu vollständig vertrocknen. Legt man sie anschließend in Wasser, wird sie wieder grün und „lebendig“. Du kannst dir dazu einen Zeitraffer im Internet anschauen.

Aufgrund dieser Fähigkeit wurde die Rose von Jericho ein Symbol für die Auferstehung Jesu. Den Toten wurde sie in früherer Zeit in die Gräber gelegt, um so auf die Auferstehung hinzuweisen.

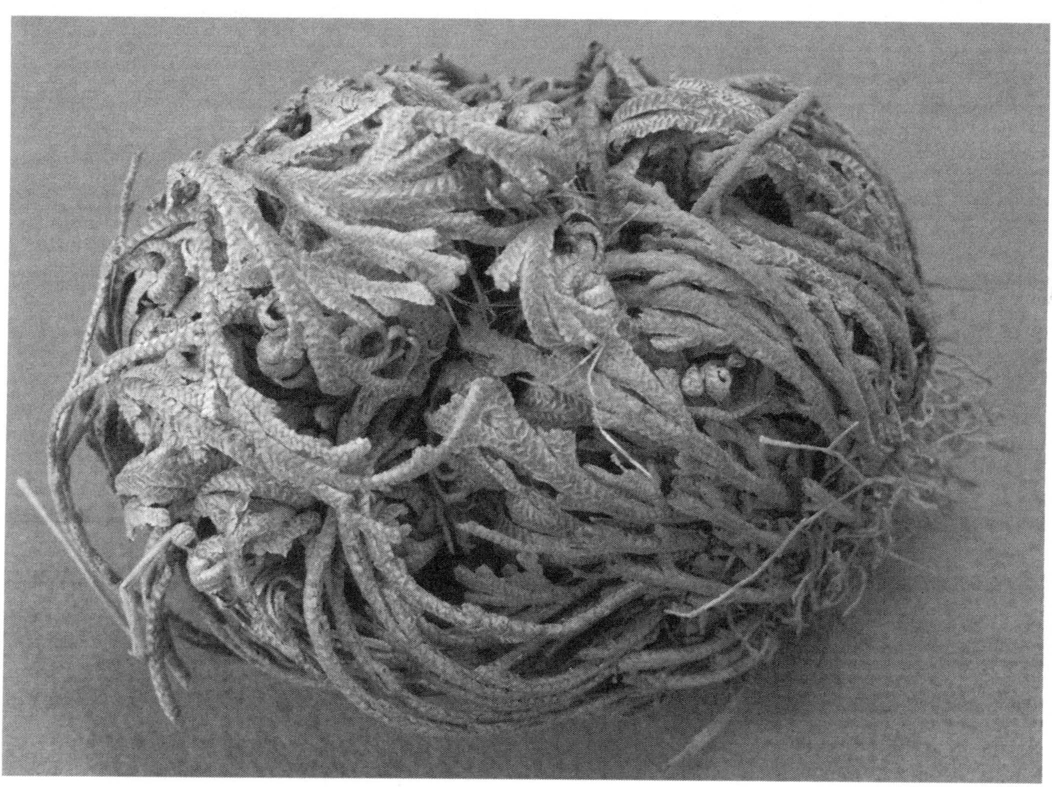

Aufgaben:

1. Betrachte die Pflanze genau. Ihr Name ist: Rose von Jericho. Zeichne sie in dein Heft.
2. Schau dir dazu einen Youtube-Film an:
   www.youtube.com → Die Rose von Jericho. Niff96 (4:30 Min.)
3. Notiere in dein Heft:
   a) Was ist das Außergewöhnliche dieser Pflanze?
   b) Wieso war sie ein Symbol (Zeichen) für die Auferstehung?

M 9

Station 4: Auferstehung mitten im Leben

Aufgaben:

1. Hör dir das Lied an (www.youtube.com → Gotteslobvideo [GL472]: Manchmal feiern wir mitten am Tag).
2. Welche Situationen sind hier gemeint?
3. Schreibe eine weitere Strophe.
4. Vertone die Strophen mit den Orffschen Instrumenten.

Manchmal feiern wir

2. Strophe:
Manchmal feiern wir mitten im Wort ein Fest der Auferstehung,
Sätze werden aufgebrochen und ein Lied ist da.

3. Strophe:
Manchmal feiern wir mitten im Streit ein Fest der Auferstehung,
Waffen werden umgeschmiedet und ein Friede ist da.

4. Strophe:
Manchmal feiern wir mitten im Tun ein Fest der Auferstehung,
Sperren werden übersprungen und ein Geist ist da.

5. Strophe:

Manchmal feiern wir mitten ______________________ ein Fest der Auferstehung.

____

____

M 10

Station 5: Auferstehung ist Verwandlung

Aufgaben:

Hier findest du die Jona-Geschichte.

1. Lege die Jona-Geschichte in die richtige Reihenfolge.
2. Jona ist nach den drei Tagen im Fischbauch wie ausgewechselt. Auferstehung steht für Verwandlung. Jemand kehrt verwandelt zurück. Hast du so etwas auch schon erlebt? Schreibe es auf.

Literatur- und Abbildungsnachweis

Literaturnachweis:

Albrecht, Michaela: „Vom Kreuz reden im Religionsunterricht" Vandenhoeck & Ruprecht, Göttingen 2008.

Biehl, Peter: Symbole geben zu lernen, Neukirchener Verlagsgesellschaft, Neukirchen-Vluyn 2012.

Böttrich, Christfried: „Themen des Neuen Testaments in der Grundschule", Calwer Verlag, Stuttgart 2001.

Brüning, Ludger / Saum Tobias: „Erfolgreich unterrichten durch Kooperatives Lernen", Band 1, Neue Deutsche Schule Verlagsgesellschaft, Essen 2009.

Büttner, Gerhard / Freudenberger-Lötz / Christina Kalloch / Martin Schreiner (Hg.): Theologisieren mit Kindern, Calwer Verlag / Kösel-Verlag, Stuttgart/München 2014.

Bussmann, Cornelia / Karsch Manfred: Mit Jesus auf neuen Wegen, Vandenhoeck & Ruprecht, Göttingen 2013.

Dam, Harmjan / Landgraf, Michael: „Auferstehung – was soll das sein?", in: Religion 15, Friedrich Verlag, Seelze 2014.

Goecke-Seischab, Marie-Luise: Botschaft der Bilder, Verlag Ernst Kaufmann, Lahr 1990.

Hinderer, Martin / Ebinger, Thomas: Anknüpfen – Praxisideen für die Konfirmandenarbeit, Calwer Verlag, Stuttgart 2013.

Hitzelberger, Peter / Jüntschke, Ilse: Mit Kindern durch die Passions- und Osterzeit, Verlag Junge Gemeinde, Leinfelden-Echterdingen 2012.

Itze, Ulrike / Moers, Edelgard: Auf dem Weg zum Osterfest, Auer Verlag, Augsburg 2003.

Jürgensen, Eva: Ostern, Verlag Ernst Kaufmann, Lahr 1998.

Kraft, Friedhelm / Roose, Hanna: Von Jesus Christus im Religionsunterricht reden, Vandenhoeck & Ruprecht, Göttingen 2011.

Lachmann, Rainer / Adam, Gottfried / Reents, Christine: „Elementare Bibeltexte Band 2", Vandenhoeck & Ruprecht, Göttingen 2001.

Schweizer, Eduard: „Das Evangelium nach Markus", Reihe: NTD, Vandenhoeck & Ruprecht, Göttingen 1998.

Thömmes, Arthur / Niehl, Franz W.: „212 Methoden für den Religionsunterricht" Kösel Verlag, München 2014.

Wilckens, Ulrich: „Das Evangelium nach Johannes", Reihe: NTD, Vandenhoeck & Ruprecht, Göttingen 2000.

Internetseiten:

- http://www.weimarer-kinderbibel.de/projekt/alle-blaettern-in-der-kinderbibel/matthaeus/tempelreinigung.html
- http://www.daserste.de/information/wissen-kultur/wissen-vor-acht-werkstatt/sendung-werkstatt/warum-ziert-ein-hahn-viele-kirchtuerme-100.html
- http://www.faz.net/aktuell/gesellschaft/umfrage-nur-jeder-zweite-verbindet-ostern-mit-auferstehung-christi-199512.html
- http://www.glauben-und-bekennen.de/besinnung/begriffe-z/zwoelf-juenger.htm
- http://www.predigtpreis.de/predigtdatenbank/predigt/article/predigt-ueber-die-juenger-jesu.html
- https://www.bibelwissenschaft.de/wirelex/das-wissenschaftlich-religionspaedagogische-lexikon/lexikon/sachwort/anzeigen/details/passion-und-auferstehung-bibeldidaktisch-grundschule/ch/59c13126a5bb0aca81241a71d4ec4de2/
- http://www.sprachauskunft-vechta.de/woerter/ostern.htm
- https://www.bing.com/videos/search?q=die+kreuzigung+von+beuys&&view=detail&mid=1E3EB49C560F57987A8D1E3EB49C560F57987A8D&FORM=VRDGA
- https://www.youtube.com/watch?v=N6tqLbq5PS0 (Manchmal feiern wir mitten am Tag)
- https://www.bing.com/videos/search?q=rose+von+jericho&&view=detail&mid=13019EF9D0AC8B1D2C6913019EF9D0AC8B1D2C69&&FORM=VDRVRV (Rose von Jericho)
- https://www.heiligenlexikon.de
- http://www.spiegel.de/panorama/gesellschaft/nach-terror-in-bruessel-papst-waescht-fluechtlingen-die-fuesse-a-1084119.html (Fußwaschung Papst)

Abbildungsnachweis:

Seite 5, 42, 72 (unten), 79, 80 (Kreuz-Anhänger), 99/100 (Spielfiguren): Margit Tschinkel, Ostfildern

Seite 11, 12, 13, 14, 31, 34–38, 43, 44, 95: Angelica Guckes, Leinfelden-Echterdingen. © Calwer Verlag, Stuttgart

Seite 15: aus: Kursbuch Religion elementar 5/6, © Calwer Verlag, Stuttgart / Diesterweg, Braunschweig 2003, S. 170f.

Seite 21, 23, 24: © Shutterstock.com (Osterlamm: Tunedln by Westend 61 / Osterbrunnen: Peter 38 / Osterhase: Tiplyashina Evgeniva / Ostereier: Narong Jongsirikul); Karin Klem (Osterkerze); © hochmedia (Osterfeuer); Foto: A. Völkel/nordstadtblogger.de (Ostermarsch)

Seite 29: © dwphotos / Shutterstock.com

Seite 30: www.commons.wikimedia.org

Seite 41, 46: Susanne Helmschmid

Seite 52: © Shutterstock.com (Eheringe: dencg / Freundschaftsarmband: T_creativeMedia, Schulfreunde: Rowpixel.com / beste Freundinnen: Syda Productioner)

Seite 54: © „Sakramentsgottesdienst in der Loschwitzer Kirche" (oben links) / Pfarramt Ebersheim (unten links); pixabay.com (Brot und Wein)

Seite 59: © AFP

Seite 60: wikimedia.org/Markus Hagenlocher

Seite 66: aus: Hermann Mahnke, „Komm und sieht!", Calwer Verlag, Stuttgart 1997

Seite 72 (oben): © Joakim Lloyd Raboff / Shutterstock.com

Seite 73/75: pixabay.com

Seite 80: pixabay.com (Kreuz-Tatoo, Soldatenfriedhof, Schweizer Fahne, Gipfelkreuz); © Shutterstock.com (Rotes Kreuz: Petra Silhava)

Seite 82: pixabay.com

Seite 89: © bpk / Staatsgalerie Stuttgart

Seite 90: © Joseph Beuys / VG Bild-Kunst, Bonn 2017

Seite 94: Andrea Lehr-Rütsche

Seite 99, 100, 102: © Shutterstock.com (Weizenkörner: igorstevanovic / Weizen: Ermakov Evgeny / Fötus: Ancraft / Neugeborenes: Natalia Krasnogor / Raupe: Paolo Bugnone / Schmetterling: Alexander M. Omelko / Bäume Frühling: 1000Words / Winter, Bäume Winter: Irina Afonskaya / Ei: Nattika / Küken: O_Solava; wikimedia.org (Der verlorene Sohn: Torent / Schweinehirt: FA 2010) Andrea Lehr-Rütsche (Spielfiguren)

Seite 102: © Viacheslav / Shutterstock.com (Keimlinge)

Seite 103: pixabay.com

Seite 104: © Peter Janssens Musik Verlag, Telgte-Westfalen

Seite 105: © Holweger.com

Textnachweis:

Seite 76: aus: Eilerts, Wolfram /, Kübler, Heinz-Günter: Kursbuch Religion Elementar 5/6, Calwer Verlag, Stuttgart, S. 36

Seite 82: Zitat von Heinz Zahrnt – mit freundlicher Genehmigung von Dorothee Merseburger-Zahrnt, Soest

Seite 91: Zitat von U. Link-Wieczorek / I. Weiland: Können Kinder „Auferstehung" denken? in: G. Büttner / M. Schreiner (Hg.), „Manche Sachen glaube ich nicht", Calwer Verlag, Stuttgart 2008, S. 89

Baustein 2: Osterbräuche

Baustein 4: Die Abendmahls-Gemeinschaft

Benvenuto

Baustein 9: Die Kreuzigung

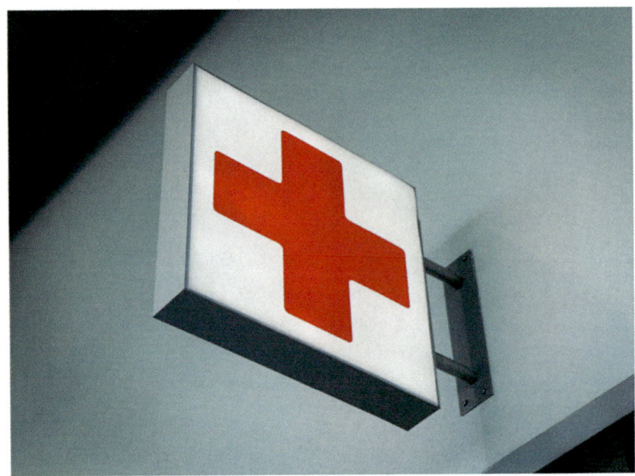

Baustein 9: Die Kreuzigung

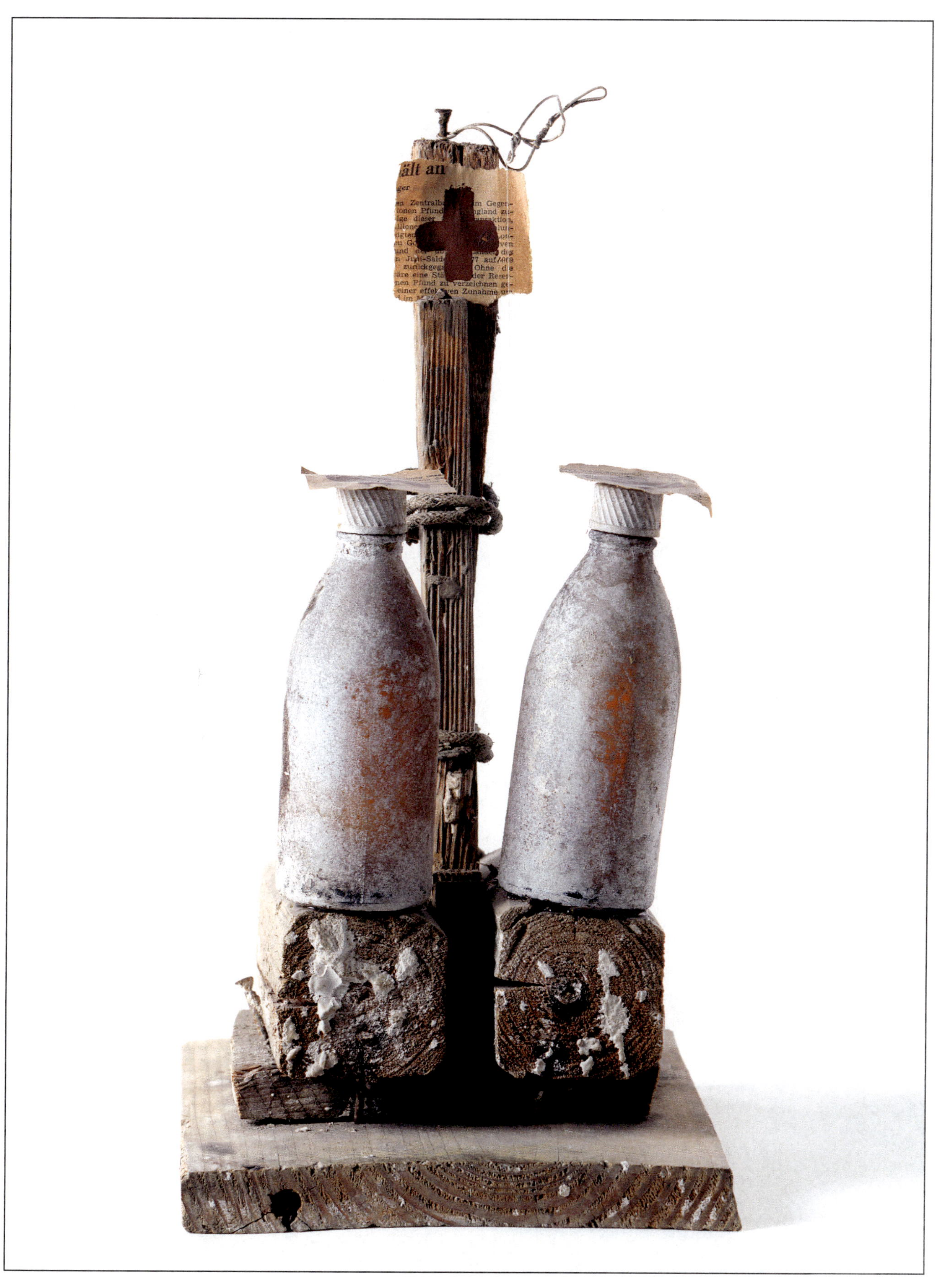

Baustein 10: Die Auferstehung

Baustein 10: Die Auferstehung

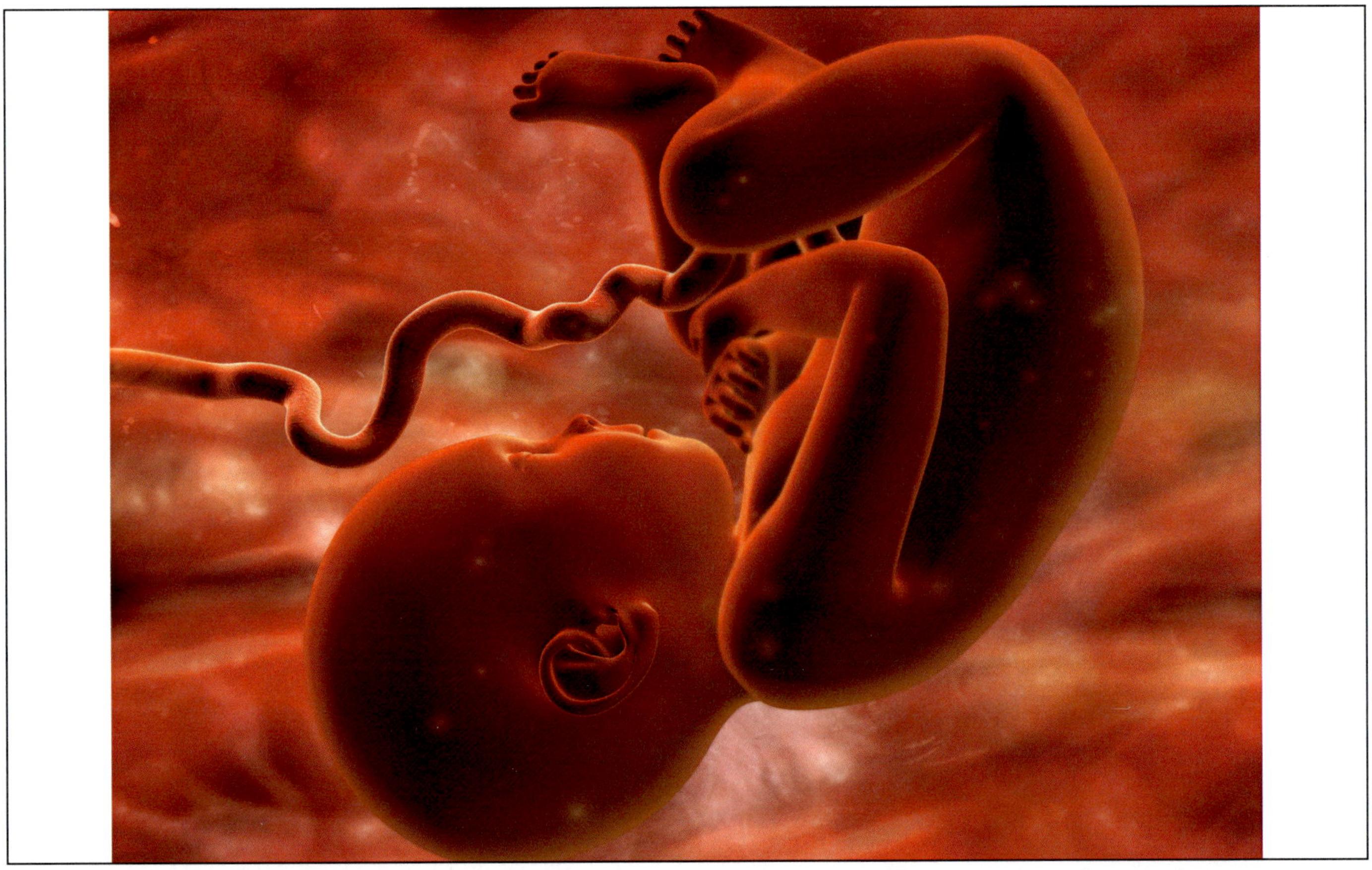

Baustein 10: Die Auferstehung

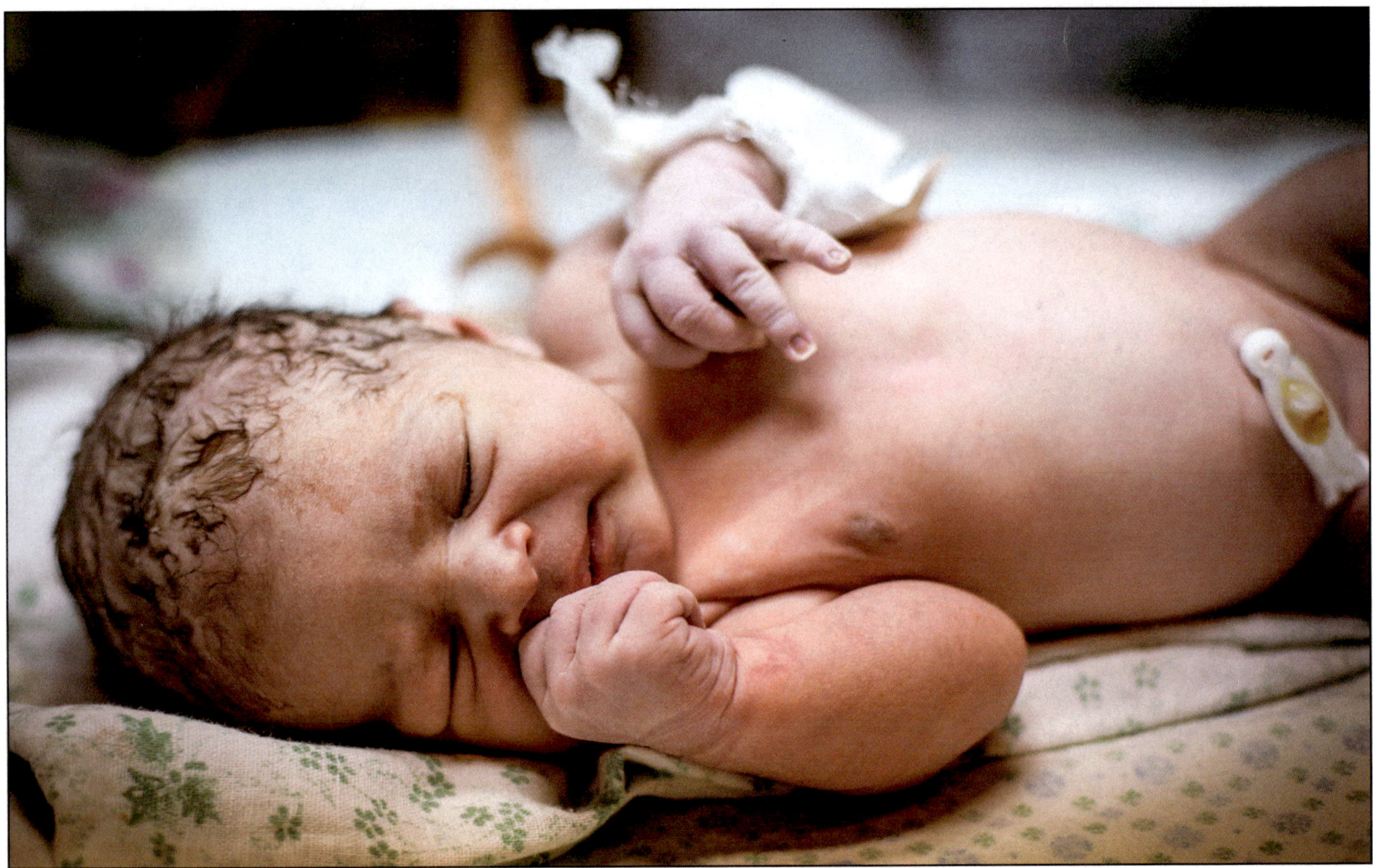

Baustein 10: Die Auferstehung